일류 바텐더의 칵테일 아이디어 노트

BAR DRAFTS

Maxim Rokhman

제이알매니지먼트

작가의 말

  이 책은 바와 함께하는 삶에 대한 제 주관적인 관점을 담고 있습니다. 사람들의 삶은 제각각이지만, 어느 정도는 서로 비슷한 법입니다. 저와 여러분의 인생간에도 여러 비슷한 부분을 발견하실 수 있으리라 생각합니다.

  이 책은 독자 여러분을 바텐딩의 세계로 초대하는 것을 목표로 했으며, 레시피를 상세하게 소개하는 데 초점을 맞추지는 않았습니다. 또한 바텐딩에 필요한 기본적인 기술들과 장비들은 상세히 설명하지 않았습니다. 만일 여러분에게 생소한 용어나 장비가 레시피에 나온다면, 간단한 검색만으로도 찾을 수 있을 겁니다. 이 책에 실린 이런저런 레시피를 따라 만들다 보면 맘에 드는 레시피도 있겠지만, 별로라고 생각하시는 레시피도 있을 것입니다. 만약 마음에 들지 않는 레시피가 있다면 재료의 양을 조절하여 독창적인 레시피를 만드셔도 좋고, 그래도 영 아니다 싶으면 그 칵테일 제조법은 그냥 잊으시면 됩니다. 그 칵테일은 여러분의 취향과는 딴판이라는 이야기니까요. 칵테일은 결국 취향입니다. 그래도 여러분께서 이 책을 통해 자신의 입맛에 맞는 칵테일 제조법을 발견할 수 있기를 바랍니다.

  이 책에 실린 재료 중 일부는 여러 레시피에서 반복적으로 사용됩니다. 이는 당연합니다. 만약 어떤 칵테일용 재료를 구입한다면, 저는 그 재료를 가능한 한 자주 사용해야 한다고 생각합니다. 자주 사용하지 않으면 결국 상해서 버리게 될 테니까요. 그리고 많은 칵테일 재료들은 다른 재료로 대체해 사용할 수 있습니다. 예를 들어 레시피에 딸기가 나온다면 다음번에는 딸기 대신 블루베리나 다른 베리 종류로 대체해서 사용해 보세요. 그리고 설탕 역시 꿀이나 메이플 시럽 등 다양한 감미료로 바꿔서 사용할 수 있습니다. 칵테일은 이렇게 자유로운 음료임을 이해해 주시면 좋겠습니다. 그리고, 부디 지나치게 취하지 않도록 책임감을 가지고 음주를 즐기시고, 또한 즐겁게 이 책을 읽어 주신다면 감사하겠습니다.

  추신: 제 친구인 정상길 님, 역자 김준영 님, 그리고 출판사 대표인 오종필 님에게.
  이제까지 제가 책을 쓸 수 있으리라고 생각해 본 적이 없었습니다. 하지만 여러분 덕분에 불가능해 보였던 꿈이 실현되었습니다. 저를 응원해 주시고 이런 기회를 주셔서 감사합니다.

막심 로크만(Max Rokhman)

역자의 말

　술과 칵테일, 그리고 호텔 업계에 흥미와 관심이 많던 저에게 Max의 책을 번역할 기회가 찾아왔을 때 너무 기뻤습니다.
　한편으로는 제가 제대로 번역해야만 한다는 생각에 걱정이 앞서기도 했습니다.

　그러나 좋은 작가와 좋은 편집자, 좋은 출판사의 지원 덕분에 좋은 책이 나왔습니다. 훌륭한 결과물이 나와서 걱정을 덜 수 있게 되었습니다.

　책 출간 과정에서 고생 많았던 모든 이들에게 감사 말씀 드립니다.

　감사합니다!
　그리고 우리들의 친구 Max도 첫 출간을 축하합니다!

김준영

목차

작가의 말 ◆ 2
역자의 말 ◆ 3

PART 1.

PART 2. COCKTAILS:

- 01 **PANDAS' WORLD** ◆ 54
- 02 **COMMON SENSE** ◆ 60
- 03 **MONTE BIANCO** ◆ 66
- 04 **INTERSTELLAR COCKTAIL** ◆ 72
- 05 **HEAVEN HILL** ◆ 78
- 06 **PARFAIT d'AMOUR** ◆ 84
- 07 **MI AMOR** ◆ 88
- 08 **GINGERY DRAGON** ◆ 94
- 09 **EMERALD CITY OF OZ** ◆ 100
- 10 **RAINBOW G&T** ◆ 106
- 11 **MJOLNIR** ◆ 112
- 12 **TRUE LOVE IS POSSIBLE** ◆ 118
- 13 **LA PALOMAS** ◆ 124
- 14 **LOLLIPOP COCKTAIL** ◆ 130
- 15 **CAFÉ ROYAL** ◆ 136
- 16 **SMOOTHIE PARADISE**(non-alcoholic cocktail) ◆ 142
- 17 **MARGARITA-nim** ◆ 148
- 18 **SUMMER VIBES** ◆ 154
- 19 **RHUMBARISTA** ◆ 160
- 20 **QUEENS' DAYS** ◆ 166

- 21 **HEARTS** ♦ 172
- 22 **SIPPING THE SPRING** ♦ 178
- 23 **AVIATOR** ♦ 184
- 24 **CASTRO MOJITO** ♦ 190
- 25 **SKY SANGRIA** ♦ 196
- 26 **MS. FROST** ♦ 202
- 27 **CRACKED DAIQUIRI** ♦ 208
- 28 **SAVORY GIMLET** ♦ 214
- 29 **TRIANGLE CRUSHER** ♦ 220
- 30 **GNB: green new black** ♦ 226
- 31 **W SMASH** ♦ 232
- 32 **#RyeDetonator** ♦ 238
- 33 **RUBY** ♦ 244
- 34 **BLOODY JERRY** ♦ 250
- 35 **DIRTY DANCING** ♦ 256
- 36 **JUPITER COCKTAIL** ♦ 262
- 37 **MYSTERY OF THE CARIBBEAN** ♦ 268
- 38 **EUCLID COCKTAIL** ♦ 274
- 39 **HIGHEST PEAK** ♦ 280

"감사"의 말
"Thank you" words ♦ 290

PART 1.

City space bar, Moscow, 2010

CHAPTER 1
서문 대신
instead of a preface

Korea, 2021

　이 책에 대해 편집자와 처음으로 이야기를 나눴을 때, 편집자는 내가 낼 책에 반드시 나와 나의 인생에 대한 이야기도 담아야 한다고 말했다. 그래야 독자들이 내가 누구인지를 이해하고, 나에 대해 더 많이 알 수 있을 거라고.

　고백하자면, 유명인도 아니고, 소셜미디어에서 많은 팔로워를 거느린 인플루언서도 아닌데다가 사람들에게 거룩한 지혜를 전파한 적도 없으며 대단한 철학자도 아닌 나를 왜 사람들에게 알려야 하는지 이해할 수 없었다. 난 위대한 발견을 한 적도 없고 위험하면서도 짜릿한 모험을 겪은 적도 없기에 책에 생생하게 실을 만한 짜릿한 이야깃거리도 없다. 더군다나, 나는 스스로가 책을 쓰리라고 생각해 본 적조차 없었으니까.

　내 책을 산 당신은 아마 내가 아니라 칵테일에 관심이 많을 것이기에, 이 책의 2장이 당신에게 도움이 되었으면 한다. 나는 딱히 세계 최고도, 세계 최악도 아닌 평범한 바텐더이기에 굳이 첫 장을 전부 읽어야 한다고는 생각하지 않는다. 혹 읽다가 지루해진다면 건너뛰었다가 나중에 다시 읽으면 충분하다.

　그럼, 간단하게 나를 소개해 보겠다.

나는 러시아의 작은 마을에서 태어났다. 어머니는 우크라이나인이고 아버지는 러시아인이다. 딱히 부유하지도 가난하지도 않은 평범한 가정에서 자랐고, 여섯 살까지는 주로 우크라이나에서 살았으니 우크라이나어가 유창했지만, 학교는 러시아에서 다녔다.

부모님은 내게 많은 정성을 쏟아 주셨다. 어머니는 빠듯한 살림에도 나를 위해 영어 학원에 보내 주셨다. 사실 난 영어 공부가 싫었지만 어머니께서는 내가 영어를 배우길 바라셨고, 나중에 어머니한테 고마워할 거라고 하셨다. 당시의 난 항상 "그런 일 절대 없을 거야!"라고 대꾸했었다. 마치 사람의 도움이 필요한데도 상황을 이해하지 못해서 누군가 손을 내밀면 이빨을 드러내는 들짐승처럼 말이다. 혹 당신이 사랑하는 누군가가 곤경에 처했거나 엇나가고 있다면, 아무리 상대가 거부하거나 저항하더라도 반드시 도움의 손길을 내밀어야 한다. 물론 힘든 일이고, 그냥 내버려두는 게 제일 간단한 방법이겠지만 당신이 아니라면 누가 도울 수 있을까. 여하튼, 지금의 나는 어머니에게 무척 고마워하고 있다. 이제는 "정말 고마워요, 어머니!"라고 말할 수 있다.

학업 성적은 꽤 좋았다. 특히 언어와 문학, 생물학 수업은 학습의 당위성을 받아들이고 교과를 이해하는 데 문제가 없었지만 수학과 화학은 아니었다. 선생님이 내준 과제를 풀 수야 있었지만, 내가 대체 왜 이 과목들을 배워야 하는지를 알 수 없었다. 어째서 대수나 적분을 풀어야 하지? 칠판에 적힌 기나긴 화학식을 외워야 하는 이유가 뭘까? 아마 선생님에게 배우나 교사 로봇에게 배우나 차이가 없었을 것이다. 항상 정해진 방식으로만 풀도록 할 뿐, 응용법이나 원리는 가르치지 않았으니까. 선생님의 가장 중요한 역할은 아이들이 학업에 흥미를 갖도록 유도하고 아이들에게 자신이 배우는 것이 무엇인지를 이해하도록 돕는 것이라고 생각한다. 다 큰 어른조차도 종종 자기의 일을 지루해하는데, 동기도 열정도 주어지지 않은 열대여섯 살의 청소년이라면 더 할 말이 있을까?

그런 경험을 겪었기에 나는 자신의 일에서 가치를 발견하는 것의 중요성을 깨달았다. 그래서 아이들과 친구, 직장 동료나 부하 직원을 지도할 때면 이것이 무슨 의미를 가지고 있는지와 업무의 성취 목표에 대해 명확하게 설명하는 것도 마찬가지로 중요하게 여기고 있다.

고등학교를 졸업할 무렵, 나는 장래희망도 대학에서 어떤 전공을 택해야 하는지도 갈피를 잡을 수 없었다. 그건 아마 내 탓도 있겠지만, 위에 적은 경험에서 보듯이 학교 탓도 있을 것이다. 우등생이나 모범생도, 열등생이나 문제아도 아니었고, 체육 활동에서 호성적을 거두지도, 꼴찌를 하지도 않았다. 외국어 실력도 마찬가지였다. 나는 모든 분야에서 평균을 조금 넘는다는 평을 받았다. 그러다보니 나는 장래 희망이 명확한 아이들이 부러웠다. 그 아이들은 앞으로의 삶에 대한 뚜렷한 비전이 있었고, 확고한 인생 계획이 있었으니까. 하지만 난 그런 비전을 세우지 못했고, 5년 동안 수학할 대학 전공도 아무거나 골랐다.

대학에서 나는 인사관리학을 전공했다. 이제야 내가 갈 길이 무엇인지, 그리고 무엇이 되길 원하는지 완벽히 이해하고 있지만, 내가 학위를 얻은 직후에는 배움의 과정이라는 것은 내게 너무도 복잡하게 느껴졌다. 나는 강의를 빼먹지 않고 들으러 다녔고, 크고 작은 시험들을 통과했다. 그런데도, 나는 여전히 실제 직장에서의 일들은 학교에서 들었던 것들과 완벽하게 다르다고 생각하고, 내가 지금 얻은 지식들은 3-5년 정도밖에 유효하지 않다. 게다가, 그들이 내게 가르쳤던 것 대부분은 전혀 유용하지 못했다. 매우 많은 이론들이 있지만, 매우 실용적이지 못했다. 만약 그것이 실용적이라고 할지라도, 당신이 무엇을 하고 있는가, 왜, 그리고 정확히 어떻게 하고 있는가에 대한 자각만이 당신이 특정한 분야에서 능력을 얻을 수 있게 해준다. 교수님들의 강의는 무척 길었고, 말이 많으셨다. 그리고 결과적으로, 시험에서 그들이 원하는 건 우리가 강의 시간에 받아 적었던 그들이 했던 말 그대로였다. 개성이나 합리성, 비판적 사고에 따른 분석 같은 건 그들이 기대하는 바가 아니었다. 만일 당신이 강의 첫날에 답을 외워 교수의 질문에 답하더라도, 그 기나긴 강의를 전부 듣는 것과 크게 다를 바가 없었다. 실용적인 지식을 전해 주시는, 기억에 남는 스승들도 있었지만, 안타깝게도 그들은 보통 소수였다.

이런 상황은 톰 크루즈 주연의 1988년작 '칵테일'이라는 영화를 떠올리게 만든다. 그는 교수와 논쟁을 벌인 직후에, 바에서 그의 동료와 이렇게 이야기를 나눈다.

톰 크루즈 : "그 탁상공론만 늘어놓는 교수들의 말은 여기 길바닥에서는 X도 씨알도 안 먹힐 거야."
브라이언 브라운 : "마침내 그걸 알게 되었다면, 졸업할 때가 된 거겠지."

대학 졸업 후에, "성년기"라는 이름하에 산사태처럼 밀려드는 각종 어려움들을 홀로 맞서야 한다는 위험에 직면할 것이다. 수많은 스승들의 강의도 이 냉혹한 세계에서 도움이 되기는 힘들다. 당신이 급류를 거슬러 수영하는 법을 천 번을 듣는다고 해도, 스스로 준비되어 있지 않고, 실제 물에서 수영해보지 않고서야 이 대자연과의 진짜배기 혈투에서 살아남을 확률이 얼마나 되겠는가? 대학에서 갓 졸업한 친구들은 내게 동물원에서 길러진 이후에 야생에 던져진 동물들을 떠올리게 한다. 그러나 심지어 동물원에서조차도, 어떠한 동물들은 야생에서의 삶에 적응하고 있다는 것을 알 것이다. 젊은 친구들을 위한 학교나 대학 교육이 실제 현장과 동떨어져 있다는 것은 참 딱한 일이다.

부모님은 경제적 여유가 없었기 때문에 나는 입학하자마자 택배 아르바이트를 시작했다. 15년 전에는 스마트폰도, 내비게이션도 없었기에 썩 좋은 일자리는 아니었다. 오토바이나 자동차가 없으니 지하철이나 버스를 타고 다녔고, 엄청나게 뛰어야 했다. 종이 지도를 들고 다녀야 했는데, 눈이 내리거나 비올 때에는 쓰기에 불편했다. 참고로, 모스크바는 언제나 눈이나 비가 내리고 있다.* 변두리 뒷골목에 있는 회사까지 찾아가야 하는 일이 비일비재했는데, 이게 시간을 많이 잡아먹곤 했다. 언제나 일은 많았지만 급료는 박했다.

일이 많은 건 전혀 문제가 아니었고, 나는 언제든 일할 각오가 되어 있었다. 급료만 적당하다면 나는 밤이건 낮이건 언제든지 일할 수 있는 사람이었다.

---

* 1981~2010년 기준 모스크바의 1년 평균 강우일수는 105.5일, 강설일수는 72.2일이다.

3학년으로 진급할 무렵, 나는 안정된 일자리를 갖고 싶었다. 전공을 살려 인사관리 분야의 시간제 일자리나 인턴으로 취직하고 싶었는데, 그런 구인처는 찾기가 힘들었다. 겨우 적당한 회사를 찾아내긴 했지만, 그곳은 주간 근무를 원했고 나는 주간에는 학교에 나가야 했기에 채용을 거절당했다. 학업을 그만둘 생각은 없었지만, 어떻게 내 전공 수업과 직장일을 함께할 수 있을지 막막했다. 내 친구들 중 몇몇은 이미 학업과 일자리를 성공적으로 병행할 수 있었지만 난 여전히 택배 아르바이트를 하고 있었고, 내가 받는 아르바이트비는 나 자신을 위해 쓸 여유는 없을 정도로 박했다.

주간에는 학교를 다녀야 했기에 야간제 일자리를 고려하기 시작했고, 이것저것 검색하며 고민한 끝에 결국 택배보다 보수가 좋은 바에서 일하기로 결정했다. 바에서 일하면 낮에는 학교에 다니며 밤에 일할 수도 있었다. 전공과는 관련이 없다는 문제만 빼면 내겐 너무나 완벽한 직업이었다.

물론, 경험이라곤 없이 내 머리로만 상상했던 것만큼 간단하고 쉬운 일은 아니었다. 그리고, 그렇게 내 인생의 다음 장이 열렸다.

CHAPTER 2

성년기에 들어서다
entry into adulthood

Moscow, 2014
picture from book: "Moscow-London, craft of the cocktail" by Fedor Evsevsky

구직 안내서에는 다양한 일자리들이 있었다. 나는 그중 내 적성에 맞다 싶은 가게를 하나 골라 면접에 나갔다. 면접 자리에서 만난 여자는 내가 먼저 바텐더 과정을 이수해야 채용할 수 있다고 말하고는 바텐더 학원의 주소를 줬다.

물론 교육 과정은 공짜가 아니었다. 교육비가 그리 비싸진 않았지만, 내 통장 잔고 전액에 가까운 금액이었다. 교육 자체는 일주일밖에 되지 않았으니 빠른 편이었다. 나는 이 새로운 일에 대해서 아무것도 알지 못했지만, 교육 과정은 내게 퍽 유용해 보였다. 지금에야 그게 아니었다는 걸 안다. 하루 1시간씩의 일주일 수업 동안에, 나는 이 일을 위한 아무런 준비도 되지 않았다. 이건 입문자 수준도 되지 못하는 수업이었다. 무언가를 새로 배우고자 하는 사람들은 종종 이러한 코스들에 의지한다. 초짜들이 이런 수업이 유용한지 아닌지를 판단하기는 미지수이기 때문에, 시간이 지난 이후에야 우리는 우리가 쓴 돈과 시간이 유용했는지, 혹은 낭비되었는지를 판단할 수 있다.

지금이야, 15년의 경험이 있기 때문에, 나는 이 업계에서의 수업 대부분이 별로라는 걸 자신 있게 말할 수 있다. 그리고 이런 수업을 가르치는 이들이 무능한 사기꾼들이라는 것도 말이다. 그들이 이야기하는 것들 99%는 휴지통에 버리고 다시 기억조차 해서는 안 될 것들이다. 나는 이런 교육 시스템의 피

Bali, 2013, doing cocktail masterclass for local bartenders

해자들을 자주 만나 왔다. 그리고 지금, 인터넷의 시대가 열린 이후에 이런 문제들은 더욱 심각해졌다. 인터넷에는 4-6개월 과정으로 당신을 IT의 전문가로 만들어 준다거나, 자아 성찰이나 동기 부여 훈련 같은 쓸모없는 짓거리들로 가득하다. 그리고 그들이 당신에게 늘어놓을 말들은 "뜨거운 물은 찬물보다 따뜻하다." 같은 지독히도 당연한 말일 것이다.

입문에 필요한 지식과 기반을 얻을 만한 좋은 수업들이 많다. (몇몇은 내가 개인적으로 알고 있다.) 이런 좋은 수업들이 쓰레기들 사이에 지금도 존재하지만, 새로운 분야에서 아무 것도 이해하지 못하고 있는 사람들에게는 모조품 사이의 다이아몬드를 찾는 것만큼이나 무척이나 어려운 일이다. 인생을 걸고 바에서 일해보기로 결심한 사람들에게 내가 해주고 싶은 조언은, 차라리 좋은 업장을 찾고, 거기에서 보조나 무급 인턴으로라도 일해보라는 것이다. 아마도 이것이 당신이 고를 수 있는 최고의 선택일 것이다.

그렇게 1주일 동안 이론 수업을 들은 뒤, 실기 수업을 받으러 1주일 동안 바에 파견되었다. 그날은 내 스무 살 생일날이었기에 아직도 기억이 생생하다. 바에 가면 매니저와 언제부터 일하러 나올지만 협의하고 집에 가서 생일상을 받아야지, 나는 그렇게 생각했었다.

그렇지만 그날은 하필 불금이었고, 매니저는 내게 즉시 옷을 갈아입고 일손을 거들라고 말했다. 오늘이 내 생일이라고 말할까 했지만, 그냥 일하기로 했다. 그날 나는 엄청나게 많은 술병 상자를 나르고, 산더미처럼 쌓인 그릇들을 설거지하고, 바 바깥에서 온갖 궂은일들을 해야 했다. 지하철과 버스를 갈아타며 집까지 돌아가는 데에는 세 시간이나 걸렸다. 9시에 일을 마치고 역까지 뛰어갔지만, 집에 도착하니 밤 11시 45분이었다. 부모님과 스파클링 와인 한 잔을 마시고는 곧바로 다음날 아침 일찍 나가기 위해 잠자리에 들어야 했다. 부디 여러분은 나보다 나은 스무 살 생일을 보냈기를 빈다.

인턴십 기간 동안 아무도 나한테 일을 가르치지 않았다. 내 업무의 90퍼센트는 바 밖에 있었다. 그래도 때때로 가게 안에서 일을 도울 때면 배울 것이 있었다. 거기서 일하던 바텐더가 내게 이 일의 기본기 몇 가지를 가르쳐 주었는데, 너무나 고마웠기에 아직도 그분을 기억하고 있다.

이 인턴십은 내게 두 가지를 가르쳐 주었다. 신입, 특히 내게 무언가를 배우고자 하는 사람에게 친절히 대하자. 그리고 누군가가 내게 와서 자신이 아는 모든 것을 전달하며 가르쳐 주기를 기다리지 말라는 것이다. 우리는 어린애가 아니기에 누군가가 나에게 떠먹여 줄 것이라 기대하면 안 된다. 배움의 90퍼센트는 자습이다. 배움에 있어 요점을 파악하고, 경력자가 어떻게 행동하는지를 살피고, (언제나!) 질문을 던지는 것이 중요하다. 멍때리고 있는 시간이 길수록 얻을 것도 줄어든다.

생각해 보면 우리의 수명은 25억 초에 불과하다. 25억 초! 많다고 생각하는가? 만약 여든 살까지 산다면 아마 스무 살까지는 '어른의 사정' 따위는 전혀 고려하지 않았을 것이다. 일흔에서 여든 사이에는 제 앞가림에 바쁠 것이고. 그러니 자신에게 중요한 무언가를 해내는 데에는 50년 정도밖에 없는데, 그 중 1/3, 16~17년 정도는 몽

DIAGEO bar academy, one of the winners at the cocktail competition

상에 허비할 것이다. 따라서 제대로(즉, 자신이 원하는 대로) 사용할 수 있는 시간은 약 10억 초 정도밖에 되지 않는다.

인턴십을 마치자 나는 다시 구직정보지를 펼쳤고(당시엔 인터넷은 정보를 얻는 주요 수단이 아니었다), 내가 처음 방문했던 곳에서 아직도 구인중인 것을 발견했다. 나는 다시 그 가게로 가서 같은 여자와 마주했다. 나는 그녀에게 바텐더 과정을 수료 했으니 이제 일할 수 있다고 말했다. 하지만 이제 와서야 경력직이 필요하다는 게 아닌가. 분명 처음 만났을 때 그녀는 그런 이야기를 하지 않았었다. 그때서야 알아챘다.

처음부터 속았던 것이다. 그들은 일할 사람이 필요한 게 아니라 일종의 사업을 했던 것이었다. 그들은 나처럼 직장이 필요한 사람들을 등쳐서 돈을 벌고 있었다. 그 뒤로 나는 구인 광고를 보면 이게 진짜인지 아닌지를 쉽사리 알 수 있게 되었다.

결국 일자리를 찾았지만, 내겐 썩 맞지 않았다. 그곳에서는 배울 거리가 없었으니까. 거기서 일하면서 나는 계속 더 나은 구인처를 찾았다. 여러 직장을 전전했지만 어떤 곳은 전 직장보다 나쁜 경우도 있었고, 계속 이직 자리를 찾아봐야 했다. 석 달 동안 엄청나게 많은 면접을 치르면서 이해할 수 없는 게 하나 있었다. 어째서 면접 후 아무도 불채용 결과를 전화로 통보하지 않는지 말이다. 어떻게 되었는지 알아보려고 내가 전화하면 대부분은 "미안해요, 깜빡 잊었네요."라고 대답했다. 그 시절, 나는 고용주의 대답을 기다리느라 많은 시간을 낭비했다.

어떻게 남의 시간을 그렇게나 허투루 여길 수 있는지 이해할 수 없었고, 지금도 마찬가지다. 나중에 내가 사람을 채용하는 위치에 오른 뒤, 나는 합격과 불합격을 막론하고 항상 지원자에게 결과를 알려 주었다. 두바이에서 일할 적에 올렸던 구인 광고에는 이메일로 120통이나 되는 이력서를 받았다. 나는 그 모두에게 답장을 돌렸고, 불합격 통보에도 불구하고 많은 사람들이 답장을 준 데 대해 감사를 표했다. 타인에 대한 존중은 노동 생산성만이 아니라 신뢰와 지지, 동반자 관계와 우정, 사랑도 쌓을 수 있다. '당신이 대접받고 싶은 만큼 상대를 대우하라'는 말이 괜히 나온 게 아니다.

CHAPTER 3

제 앞가림은
자신이 해야지
no one will
take care of you
better than yourself

Moscow 2015, Four Seasons hotel

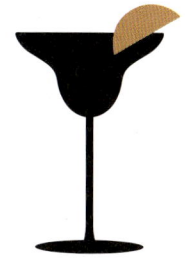

    일자리를 알아보던 어느 날, 나는 호텔로부터 면접을 보러 오라는 전화를 받았다. 당시의 난 호텔에 대해 인식이 나빴고, 호텔 업계에 대해서도 잘 몰랐다. 하지만 수많은 면접 경험으로 미루어 무언가 준비해야 한다고 생각했다. 호텔에 대한 정보를 읽으며 예상 질문과 응답을 고민하고, 영어로 어떻게 대답할지를 연습했다. 아무도 내게 면접 준비를 하라고 말하지 않았지만, 내 스스로 직관적으로 준비해 나갔고, 나중에야 알았지만 정말 옳은 선택이었다.

    요즘의 채용 시장은 매우 거대하다. 통계적으로 보아 경력이 빈약한 사람이 한 직장에서 오랫동안 경력을 쌓은 끝내주는 전문가들보다도 오히려 원하는 일자리를 구할 가능성이 더 높다고 한다. 사실 면접도 일종의 훈련으로, 많이 연습할수록 좋은 결과를 얻는다. 예를 들자면, 미국에서는 많은 사람들이 좋은 회사에 다니면서도 기량을 유지하기 위해 종종 면접을 보러 다닌다고 한다. 사실은 사실이다. 모든 면접은 충분히 준비해야 한다. 나도 준비가 불충분했던 탓에 좋은 직장을 놓친 적이 여러 번 있다. 반면 내가 고용주의 입장에 서게 된 뒤에는 2단계 이상의 면접이 없는 회사를 이해할 수 없었다. 인사팀은 이 사람이 팀에 잘 녹아들 수 있는지, 직무에 얼마나 적합한지, 혹 개인적인 문제가 있지는 않은지 지원자와 면담해야 한다. 그리고 지원자가 일하게 될 부서의 장 역시 전문적인 질문을 통해 지원자가 자신과 잘 맞는지의 여부를 판단하기 위해 지원자와 면접을 거쳐야 한다. 솔직히 나는 왜 모든 회사들이 이런 체계를 갖추지 않는지 이해할 수 없다. 결국, 인사팀 수준에서만 결론을 내릴 경우 신입은 그 사람이 일할 부서에서는 상상도 못할 골칫거리가 될 수도 있다.

면접을 보러 간 호텔은 스위소텔 모스크바였다. 이곳은 내가 전에 몸담았던 곳들과는 전혀 달랐다. 넓은 로비와 높은 천장, 비싼 샹들리에와 친절한 직원들이 사방에 깔려 있었다.

나는 겨우 스무 살이었기에 이런 장소는 처음이었다. 다행히도 면접에서 받은 질문은 거의 다 사전에 준비했던 내용대로였다.

왜 스위소텔을 선택했나요? 왜 선택했냐고? 나는 고르지 않았다. 나는 그냥 평범한 직장을 구했을 뿐이고, 스위소텔이 날 부른 것이다. 하지만 물론, 저런 식으로 대답했다가는 채용하지 않을 것이기에 나는 내 스스로도 납득하기 어려운 대답을 했다.

"스위소텔은 최상의 서비스와 높은 전문성을 지닌 업계 최고의 회사입니다. 그렇기에 저도 스위소텔의 일원이 되고 싶습니다."

"흥미롭군요." 질문을 던졌던 면접관은 이렇게 답하고는 연이어 질문을 던졌다.

"현재 하던 일은 왜 그만두려고 합니까?"

"우리가 다른 지원자 대신에 당신을 뽑아야 할 이유가 뭐죠?"

"세 단어로 당신 자신을 표현할 수 있겠습니까?"

"당신은 얼마나 정직한 사람입니까?"

대체 어떤 대답을 기대했던 걸까? 지원자가 솔직하게 답하는 대신 면접관이 듣고 싶어 하는 대답만 할 게 뻔한데. 어쨌든 호텔은 나를 합격시켰다. 이것이 내가 완전히 떳떳하지는 않은 방법으로 일자리를 구한 전말이다. 하지만, 취업했다고 끝이 아니었고, 이제 나는 내 일자리를 지켜야 했다.

내가 일할 곳은 City Space Bar & Lounge였다. 34층에 있는 그곳은 전방위를 조망할 수 있는 유리 천장이 있었다. 어느 자리에서건 도시 전체를 볼 수 있었다. 매우 편안한 장소였고 모스크바 전체를 훤히 볼 수 있는 세련된 전망 덕분에 손님이 많았다.

첫날에는 모든 직장 동료들이 날 냉대했다. 내 경력과 경험이 일천했기 때문이다. 업계 용어도 근무 계획을 어떻게 짜야 하는지도 몰랐고 일의 우선순위도 제대로 파악하지 못했다. 게다가 내 근무시간에는 함께 일하는 바텐더가 없었기에 나는 혼자서 일해야 했다. 다른 직원들은 있긴 했지만, 아무도 내게 신경쓰지 않았고 일이 어떻게 돌아가는지에 설명해 주려도 하지 않았다. 사실 떠먹여 주는 것까지는 바라지도 않았다. 그저 적절한 브리핑이 필요했을 뿐이다. 근무 첫날에 그들은 업무의 개요만을 내게 설명해 주었고, 나머지는 내가 알아서 정보를 조금씩 모아야 했다.

나는 자신의 업무를 제대로 파악하지 못한 사람들이 어떻게 일할 수 있는지 이해할 수 없다. 예를 들자면, 내가 해외 송금이나 계좌 개설을 할 줄 모르는 은행원이라면 고객을 응대하기가 무척 불편할 것이다. 내가 차를 수리할 줄 모르는 정비사라면 역시 고객 앞에서 떳떳치 못할 것이고. 현지어를 전혀 모르면서도 외국에 나가서 사는 사람들도 이해할 수 없다. 물론, 언제나 예외는 있는 법이지만 특별한 경우가 아닌 일상 생활에서의 이야기다.

Moscow 2013

모든 업무를 철저하게 익히기 위해 나는 서너 시간 일찍 출근하고 근무 시간을 채운 뒤에도 두세 시간은 더 남았다. 그리고 나서 대학에서 정규 수업을 들었다. 당시 내 직장이 이틀 근무, 이틀 비번이라 다행이었다. 적어도 이틀은 평소만큼 잘 수 있었으니까. 시간이 지나자 나는 업장의 전반적인 프로세를 파악하고 내 직무를 재빨리, 완벽하게 처리할 수 있었다. 나는 누군가에게 기댈 수 없는 상황에서는 사전 준비가 매우 중요함을 깨달았다. 전반적인 업무를 배운 뒤에도 나는 여전히 일찍 출근했다. 완벽히 준비해야만 내 근무 시간 중에 문제가 터지질 않는 법이고, 모든 준비를 마치기에

Moscow 2013, on Moscow bar show

는 시간이 부족하니까. 바에서의 근무는 군대 복무를 연상케 한다. 바 역시 철의 규율과 전반적인 질서, 모든 곳의 청결(깔끔한 바야말로 모두가 행복한 곳이니까), 명확하면서도 체계적인 행동, 군더더기 없는 움직임과 속도가 필요하니까.

하지만 내게 더 힘들었던 점은 내가 몸담은 팀이 그다지 뛰어나지 않다는 것이었다. 동료들과 일하기가 힘들고 불편했다. 누구와도 잘 어울렸고 트러블도 없었지만, 내 마음속에는 계속 불편함이 남아 있었다. 사람들에 둘러싸여 있음에도 외톨이라는 생각이 들었다. 내 팀원들은 나보다 훨씬 나이가 많은 이모님들이었는데, 나는 신입이고 그들은 오랫동안 거기서 일해 왔기에 나를 팀의 일원으로 여기지 않고 자기들끼리만 속닥거렸다. 그중에는 출근하고서 아무런 일도 하지 않고 남에게만 떠맡기는 사람도 있었다. 출근하기가 점점 힘들어졌고, 이런 환경 탓에 점차 내 일도 싫어지기 시작했다. 손님이나 동료들은 알아채지 못했고 나도 잘 숨겨 왔지만, 속으로는 더 이상 바텐더로 일하고 싶지 않다는 생각이 들었다.

일을 때려치우지 않은 이유는 그저 보수가 좋았기 때문이었다. 굉장히 많지는 않았지만 그 당시 내가 안락하게 살기에는 충분한 돈이었다. 학창시절부터 꿈꿔 왔던 독립을 했고, 집세와 생활비를 온전히 내가 낼 수 있었다. 새 전화기도 사고 하루 식비로 10달러 이상(당시 내가 정한 한도액이었다)을 쓸 수 있었으며, 차를 사려고 저축도 시작했다. "직장이 맘에 안 들면 이직하면 되잖아?"라고 쉽게 말하는 사람도 있는데, 나는 그런 말에 동의하지 않는다. 대출금을 갚고, 부모를 봉양하고, 가족과 자녀를 부양할 걱정 없이 어느 순간 모든 걸 내려놓고 새 출발을 할 수 있는 사람은 행복한 사람이다. 당시 내게 있어 공기처럼 절실했던 정상적으로 월급이 나오는 직장은 거의 없었고, 당장 일을 그만두었다가는 오랫동안 적당한 일자리를 찾지 못한 채 수없이 바보같은 면접을 보러 다닐 미래가 빤히 그려졌으니까. 상황의 유불리를 재 본 나는 퇴사는 별로 현명한 방법이 아니라는 결론(적어도 당장은 말이다)을 내렸다. 그러니 악으로 깡으로 버틸 수밖에.

아무도 내게 도움을 줄 수 없었기에 오직 나 자신만을 의지했지만, 오히려 그게 더 편했다. 날 실망시킬 수 있는 사람은 나뿐이었으니까. 이런 상황은 내 인격을 구축하는 데에도 영향을 미쳤다. 사업이든 일이든 아니면 다른 무엇이든 간에 시작부터 상황이 꼬일지라도 성급히 때려치워서는 안 된다는 것을 인생 경험이 쌓일수록 점점 더 깨달을 수 있었다.

이렇게 여섯 달을 일했을 무렵, 어느날 모든 것이 180도 바뀌게 되었다.

CHAPTER 4

고통 없이는 아무것도
얻을 수 없는 법이다.
no pain no gain

Moscow, 2016

그날 저녁, 나는 평소처럼 근무중이었다. 하지만 아마도 이날 밤이 내 미래(최소한 지금까지는 말이다)를 결정짓는 운명의 날이었을 것이다. 갑자기 우리 팀 전체가 한 사람에게 소개되었다. 그 사람은 우리의 새 매니저였다. 런던에서 모스크바로 일하러 온 사람이었는데, 부모님이 중앙아시아에서 살다 영국으로 이민을 간 분들이었기에 러시아어를 할 수 있었다. 그날 저녁은 잘 기억나지는 않지만, 10월 말이었기에 매우 어두웠고, 날씨도 그맘때답게 궂어서 비바람이 세차게 몰아치고 천둥번개도 쳤던 거 같다. 그런 날씨에 소개받은 새 매니저는 옷차림마저 미국 영화에 나오는 드라큘라의 망토처럼 빨간 셔츠에 목깃을 세운 재킷을 받쳐 입어서 영락없이 드라큘라 백작 그대로였다. 우리는 인사를 나누었고, 새 매니저는 다음날부터 출근한다는 안내를 들었다.

새로 온 매니저는 터프가이였다. 미국 영화를 보면 신병들에게 끊임없이 고함치고 많은 사람들 앞에서 타인을 갈구는 고위 장교가 나오지 않는가? 내가 근무할 때마다 바로 그런 일이 나에게 일어났다. 나는 실무 경험이 모자라고 바를 프로페셔널하게 운용하는 방법을 잘 몰랐기에 자연스레 여러 실수를 저질렀다. 균형 잡힌 칵테일이 뭔지를 이해하지 못했고, 주문과는 다른 맛의 칵테일을 만들었고, 주류와 클래식 칵테일에 대한 이론적인 지식도 없었다. 자연스레 나는 말 그대로 매일 매니저의 고함을 들어야 했고, 매니저는 내게 병을 내던지며 네가 만드는 칵테일은 개똥같은 맛이며 너는 아무것도 할 줄 모르는 놈이라고 계속해서 감정적인 압박을 줬다. 아마 매니저는 첫날부터 나를 자르고 싶었음이 분명했고, 나중에 직접 그에게 듣기도 했다. 하지만 그가 온 이후 나는 최소한 규율과 근면, 인내, 끈기, 업무 속도 등의 능력을 배양할 수 있었다.

그리고 내가 하는 모든 업무와 그 업무의 의미를 이해하도록 언제나 노력하게 되었다. 내가 왜 이 작업을 하지? 다음번에는 어떡하면 좀 더 빨리 할 수 있을까? 내가 하는 일의 논리는 뭘까? 등등 말이다. 그 뒤로 "열심히 일하려 들지 말고 스마트하게 일하자."가 내 좌우명이 되었다. 열심히, 많이 일하지 말라는 뜻은 아니다. 나는 엄청나게 열심히, 그리고 많이 일했다. 그래도 저 다짐을 따르지 않았다면 나는 아마 아주 예전에 심적으로도 육체적으로도 무너지고 말았을 것이다.

그 당시 난 언제든 해고될 수도 있다고 생각했다. 새로 온 매니저가 처음으로 한 일이 팀원의 반 이상을 잘랐기 때문이고, 몇몇은 자진해서 사직했다. 사직의 이유는 여럿이었는데, 어떤 사람은 매니저와 일하고 싶지 않아서였고, 어떤 사람은 변화에 적응할 수 없어서였다. 솔직히 말하자면, 나는 바뀐 분위기가 마음에 들었다. 함께 일해 왔던 팀원들은 점차 사라져 갔다. 매니저의 압박 때문에 정신적으로는 여전히 힘들었지만, 동시에 내가 싫어하던 사람들과 더 이상 함께 일하지 않아도 되었기에 안도감이 들었다. 곧 내 차례도 오리라고 생각했지만, 만약 내가 잘린다면 일할 사람이 없을 터였다(다른 바텐더는 그당시 다리가 부러져 한 달의 병가를 냈다). 노예처럼 부려질 거라고는 생각했지만, 어쩌겠는가. "그러면 나도 매니저를 이용하면 되지."라고 나는 속으로 생각했다. 그는 접객 경험이 풍부한 전문가였고, 예전에 바텐더로 일한 적도 있었다. 런던은 바 업계의 수도라 할 만한 곳이었으니, 최소한 그한테 배울 것은 많을 테니까.

일이 많아졌기에 더 일찍 출근하고 더 늦게 퇴근해야 했다. 새 매니저와 함께 일하게 된 첫 두 달 동안 내 일 근무 시간은 16시간에서 18시간 사이였다(물론 비번일은 있었다). 5시간 일찍 출근해서 2~3시간 늦게 퇴근했지만 추가 근무 수당은 없었다. 일단 가게문을 열고 나면 주문을 처리하는 동시에 밑작업을 할 수는 없는 노릇이라 오픈 전에 준비를 마쳐야 했기 때문이다. 누군가는 날더러 미련했다고 할지도 모르겠고, 나로서도 굳이 자살행위를 할 필요는 없었다. 그렇지만 딱히 방도가 없었다. 제대로 준비하지도 않고 바를 열었다가는 더 굼뜨고 변변찮게 일해야 하고, 주의도

산만해진다. 그러면 손님을 오래 기다리게 해서 불평이 나올 수밖에 없다. 그런 상상만으로도 불편했기에 나는 내 작업 과정을 온전히 통제할 수 있는 상황을 지극히 사랑했다.

그런 스케줄 때문에 첫 주에는 새벽 6시에야 집에 도착해서 잠들었다가 7시에 일어나고, 9시까지 등교해야 했다. 24시간 동안 자지 못했는데도 다음 날 할 일이 남았다면 아예 잠자리에 들지 않는 게 낫다는 말을 들어 본 적이 있을 것이다. 나는 저 말이 헛소리라고 생각한다. 나는 30~40분만이라도 잘 수 있는 여유가 생기면 눈을 붙였다. 분명 일어나기는 힘들지만, 아예 자지 않았더라면 컨디션은 훨씬 나빴을 것이다. 나는 자명종을 네 개 준비했다. 처음의 10분 가량은 잠결에 무의식적으로 알람 스위치를 내렸지만, 1분만 지나도 다른 알람들이 내가 등교할 때까지 울려댔다(교수님들은 결석하면 시험 점수를 제했기 때문에 수업을 빠질 수는 없었다). 잠에서 깰 무렵이면 항상 같은 꿈을 꾸었다. 마치 영수증 프린터에서 주문 목록이 길게 뽑혀 나오듯 자명종이 음악을 울리는 동안 매니저는 더 빨리빨리 움직이라고 내게 고함치는 것 같았고, 내가 무의식적으로 알람을 내리면 주문대로 칵테일을 만들었다는 뜻이었다. 그렇게 꿈속에서 열대여섯 건의 주문을 처리하고 나면 이제 일어날 때라는 생각이 들었다. 내가 경비원으로 일하지 않아서 다행이었다. 24시간 동안 움직이지 않고 제자리에 앉거나 서서 일하기란 내겐 너무 힘들었다. 일하면서는 계속 몸을 움직이다 보니 졸리지 않았는데, 잠깐 의자에 앉거나 조금이라도 긴장을 풀었다가는 졸음이 쏟아졌다. 당시의 난 어디서든 잠시 잘 수 있다면 그렇게 했다. 심지어는 지하철 한 정거장을 가는 동안에도 잠들었다. 잠시 조는 게 아니라 1분이나마 푹.

첫 주말에 매니저는 마치 간수가 죄수에게 소리치듯 생각지도 못하게 내게 고함을 질러 댔다. 그는 밤새도록 나를 두고 패배자, 무능한 녀석, 감각도 미각도 없는 놈, 하다못해 원숭이를 갖다놔도 나을 흔해빠진 바텐더라고 욕했다. 하지만 업무 시간이 끝나자 그는 내게 와서 "사감은 없다. 오늘 내가 한 말들은 너한테 편견이 있어 한 게 아니야."라고 말했다. 솔직 그 당시에는 '사감은 없다'는 말을 받아들이기 힘들었지만, 그래도 마음은 조금 편해졌다. 몇 년 뒤, 내가 매니저 자리에서 부하직원을 두고서야 저 말의 의미를 이해할 수 있었다.

두 번째 주말도 여전히 힘들었지만, 첫 번째보다는 나았다. 나는 모든 상황을 잘 정리하고 더 빨리 일했다. 업무를 마치자 매니저는 "속도는 끝내주는데 칵테일 맛은 여전히 개똥같아. 그래도 그건 나아질 수 있겠지."라고 말했다. 열심히 일하고, 매일매일 새로이 익히고, 이미 얻은 지식을 갈고닦은 것이 내게 기회를 주었다.

나는 모든 레스토랑과 바가 사람으로 북적이고 1년 중 서비스업이 가장 바쁘면서도 가장 많은 수익을 올리는 러시아의 큰 명절인 새해가 될 때까지 눈이 핑핑 돌도록 일했다. 그날 나는 23시간을 일했기에 바에서의 첫 새해 전야를 생생히 기억하고 있다. 여느때처럼 오픈 전에 꽤 오래 준비를 해야 했고, 바는 온통 소란과 혼란으로 가득 차 있었다. 손님들은 모두들 문을 닫는 순간까지 머무르고 싶어 했다. 매니저가 여러 번이나 내게 다가와 "맥스, 너 오늘 쩌는데!!"라고 칭찬해 나는 놀랍고도 기뻤다. 그렇게 오래 일하면서도 처음으로 들었던 칭찬이라 조금 당황스럽기는 했지만, 그래도 그날의 나는 찬사를 들을 만했다. 바가 문을 닫자 손님들은 모두 집으로 돌아갔지만 나는 상상을 초월할 정도로 더러워진 바에 홀로 남아 청소하고 재고를 정리(모든 바텐더들이 가장 싫어하고, 가장 오래 걸리면서 짜증나는 일이다)했다. 그날 나는 12월

Moscow 2014, book: Moscow-London, craft of the cocktail by Fedor Evsevsky

31일 오전 11시에 출근해서 1월 1일 오전 10시에 퇴근할 수 있었다.

하지만 전혀 피곤하지 않았다. 모든 상황이 적대적이며 모두가 내게 일을 때려치우고 새출발을 하는 게 낫지 않냐고 권하는 강한 압력 속에서도 포기하지 않고 이겨낼 수 있었다는 데 크나큰 환희를 느꼈다. 아홉 달 만에 처음으로, 참아내기 어려웠지만 어쩔 수 없이 감내해야 했던 일들이 나를 기쁘게 했다. 이제 나는 바에서의 일을 즐기기 시작했고, 바텐더에게는 외모도 중요하기에 나 자신을 가꾸기 시작했다.

이제 나는 술과 와인, 칵테일만이 아니라 서비스와 에티켓이 무엇인지도 깨닫기 시작했다. 미적 감각이 개화하기 시작했고 맛과 균형미, 스타일도 이해하기 시작했다. 당시의 난 아직 해외에 나가 본 적이 없었지만, 대신 온 세상이 나와 내가 일하는 바로 걸어 들어왔다. 내가 바텐더 일을 더욱 파고들수록 더 많은 것들이 보였다. 그때 나는(물론 지금도) 사랑받지 못하던 일이나 직업도 제대로만 다가갈 수 있다면 즐거워질 수 있다고 생각했다. 사람마다 경우가 다르기에 내 생각이 틀릴 수도 있겠지만, 그래도 나는 그렇게 믿고 싶다. 당시의 난 아직 출발점에 서 있을 뿐으로, 아직 갈 길도 멀고 배워야 할 것도 많았지만, 그래도 내가 어떤 사람이 되고 싶은지를 결정하지 못해 그저 되는대로 수강 과목을 골랐던 시절에는 보이지 않았던 내 인생의 목표, 그리고 내가 학교에서 배우지 못했던 것들이 무엇이었는지를 깨달았다. 나는 그날밤 매니저에게 칭찬을 들었지만, 그 뒤로도 2년 동안 계속 매니저에게 머리를 두들겨 맞고 스트레스와 압박을 받아 가며 경험을 쌓아 갔다. '나를 죽이지 못하는 고통은 나를 강하게 만들어 줄 뿐이다' 라는 니체의 격언대로 나는 강해지는 동시에 내 진로를 확신할 수 있었다. 내 노력은 헛되지 않았고, 오롯이 미래에 대한 투자로 이어졌다.

그랬기에, 나는 새해 첫날 오전 10시에 일을 마친 뒤, 새해를 즐기려 놀러 가지 않았다. 그저 다음날 근무를 위해 집에 돌아가 자며 체력을 보충했다.

Dubai 2018

CHAPTER 5

질문이 그렇게 많은데,
답은 그것밖에 안 된다고?
so many questions
and so few answers

　나는 시티 스페이스 바에서 7년간 일했다. 첫 2년간은 바에서 일하기 위한 기초적인 원칙과 바텐더 업무란 무엇인지를 공부하느라 바빴다면, 다음 5년은 프로 바텐더로 성장하는 시간이었다. 세계적인 바 쇼를 참관했고, 양조장들을 둘러보고, 바의 케이터링 이벤트를 기획하고, 해외 실습을 나갔다. 그리고 다른 도시의 바가 어떻게 운영되는지를 살피고 새로운 지점의 오프닝에 참여하며 직원들을 교육하는 등 여러 많은 일들을 했다. 초반에 일을 때려치우지 않고 버티며 노력한 게 정답이었다. 만약 당신이 어떤 직장에서 일하기로 결심했다면, 아무리 일이 힘들고 자신에게 맞지 않는다는 생각이 들더라도 최소 1년은(물론 성희롱이나 생명 또는 건강의 위협을 느낀다든가 하는 등, 어디에나 예외는 있는 법이다. 하지만 그런 예외적인 사례 말고, 나는 일반론을 이야기하고 있다) 일해야 한다고 생각한다. 특히 아직 젊고 경험부족이라면 더더욱 그래야 한다. 한 해에 대여섯 곳을 전전하는 사람도 본 적 있는데, 당연히 그런 사람은 면접관에게 신뢰감과 책임감, 능력에 대한 확신을 주지 못한다. 직원을 채용할 때면 인생의 역설을 느끼게 되는데, 어째서 능력있는 노동자는 좋은 직업을 찾는 게 어렵고, 좋은 직장은 좋은 직원을 찾는 게 어려울까? 정말 이해할 수 없는 인생의 역설이다.

　그 시절, 전 세계의 바텐더들이 우리 매니저의 초빙으로 우리 바에 몰려오기 시작했다. "게스트 바텐딩"이라는 제도였다. 바텐더는 자신만의 메뉴로 우리 바에서 일주일 동안 일하며 이 직업에 대한 자신

Moscow, City space bar 2014, leaving the bar after 7 years of my job there

의 비전과 더불어 시그니처 칵테일을 피로했다. 5년 동안 매달 새로운 사람이 찾아왔다. 그들은 최고의 바에서 일하는 최고의 프로들이었다. 나는 항상 게스트 바텐더와 많은 시간을 보내려 했다. 게스트들은 오프닝 준비에 많은 시간을 할애해야 했고, 나는 게스트를 돕기 위해 원래의 출근 시간인 오후 4시가 아니라 오전 10시에 바로 출근했다. 내가 사정이 있어 오지 못할 때면 다른 사람이 대신했다. 대부분의 동료들은 이른 출근을 일종의 벌칙으로 생각했다. 평소보다 일찍 출근해야 하는데도 추가 근무 수당은 없었기 때문이다. 하지만 나는 새로운 지식과 기술을 습득할 특별한 기회로 여겼다. 당시 나는 무급으로 엄청나게 많은 일을 했지만, 그것이야말로 내 미래를 위한 투자라고 생각했다.

그때 나는 내 미래의 아내를 만났다. 갑자기 아내 이야기를 꺼내는 데에는 이유가 있다. 내 아내는 전문 요리사는 아니지만 요리를 매우 잘한다. 같이 살기 시작하면서 우리는 함께 요리해서 밥을 먹곤 했다. 아내 덕분에 나도 요리를 사랑하게 되었고, 바와 주방은 떼놓을 수 없는 관계임을 이해하게 되었다. 바텐더는 주류만이 아니라 음식에 대해서도 어떤 특성이 있는지, 어떤 식재료를 준비해야 하는지, 그리고 어떤 술과 어울리는지를 잘 알아야 한다. 심지어 지금도 아내는 내가 미처 관심을 갖지 못했던 식재료를 구입해 내가 영감을 얻을 수 있도록 돕는다. 이런 사람을 내 곁에 둔 나는 행운아다.

비슷한 시기에 나는 바텐딩 경연 대회에도 참가하기 시작했다. 많은 대회가 있었지만, 특히 처음으로 참가했던 대회가 기억에 남는다. 전날 35분밖에 자지 못했던 나는 알람이 울리자 "아무래도 못 가겠어. 뭐, 굳이 갈 필요도 없잖아?" 라고 생각했다. 등교 때문에 의지를 끌어 모아 일어나는 건 당연히 강의를 들어야 해서지만, 대회 참석은 선택권이 내게 있었고 최악의 결과라 해도 그저 대회 불참에 불과했다. 하지만 나는 내 자신을 이겨내고 일어나서 대회에 참가해 우승했다. 그날 난 죽도록 피곤했지만, 매우 행복했다. 그 순간 이후로, 나는 아침에 일어나지 않고 모든 것을 망쳐 버린 다음에 결국 후회하기보다는 내 자신을 이겨내고 일어나 할 일을 하는 게 낫다는 것을 확실히 이해했다.

대회에는 단점도 있다. 나는 커리어 내내 많은 우승자들을 만났고, 그들 중 몇몇과 이야기를 나누며 그 사람은 우승할 자격이 없다고 생각했다. 물론 다들 그렇다는 이야기는 아니다. 하지만 어떻게 우승자가 평범한 바텐더라도 알고 있는 기초 지식이 없는지, 왜 그렇게나 무책임하고 어째서 이 사람에게는 배울 만한 것이 하나도 없는지 정녕 이해할 수 없었다. 우승 타이틀은 우승자의 견해를 표출할 기회를 주고 그 사람이 올바른 길을 걷고 있음을 증명할 뿐이다. 타이틀은 결코 우승자가 남들보다 우월함을 증명하지도, 남에게 무례해도 된다는 권리를 부여하지도 않는다. 나는 대회 우승 직후 경력이 끝장난 우승자들을 여럿 안다. 그들은 이제부터 더욱더 열심히 정진해야 한다는 것을 이해하지 못했기 때문이다. 타이틀은 획득도 어렵지만 수성은 더욱 어려운 법이다.

나는 바의 케이터링이나 새 매장의 컨설팅도 맡았다. 바에서 일하는 게 더 편했지만, 늘 하고 싶은 일만 하다 보면 프로로서의 성장이 어려울 터였다. 안주를 벗어나 나태와 싸우고, 이해하지 못했던 것을 이해하려 노력하는 것이야말로 성장을 위한 첫걸음이다. 여러 업무를 하다 보면 커뮤니케이션의 중요성을 깨닫게 된다. 어느 직종, 어느 현장에서든 커뮤니케이션이 가장 중요하다고 말할 수 있다. 직원들이 필요한 모든 정보를 적시적소에 동료에게 정확히 전달하는 데 익숙하지 않다면, 그 업무 또는 전체 비즈니스가 삽시간에 무너질 수도 있을 것이다.

스위소텔에서 7년간 일하는 동안, 시티 스페이스 바는 바 업계의 영예라 할 수 있는 "세계 50대 바"에 두 차례나 선정되었다. 나는 러시아에서만이 아니라 해외에서

Moscow 2015, Four Seasons hotel, with one of the best bartender in the world Jose Luis Leon

도 다양한 이벤트를 기획하고 개최했다. 가장 규모가 크고 기간도 길었던 이벤트는 2014년 소치 동계 올림픽이었다.

수없이 출장을 나가고 컨설팅이나 직업 훈련 프로그램 참석, 연락이 있었지만, 나는 2014년 포시즌스 호텔 모스크바로 이직했다. 이전에는 바텐더로서의 나 자신을 개발하는 데 초점을 두었다면, 이제부터는 완전히 다른 업무가 내게 주어졌다. 포시즌스 호텔은 내게 매니저로서의 능력을 더욱 요구했기 때문이다.

나는 새로 오픈할 바의 개업 준비 팀에 들어갔다. 즉, 새 지점을 내는 것과 마찬가지로 무에서부터 유를 창조해야 한다는 뜻이었다. 시간은 촉박하지만 해야 할 일은 많았다. 바를 오픈할 때까지 나는 평범한 직장인처럼 주 5일의 규칙적인 일정으로 사무실에서 일하게 되었다. 하지만 3주째가 되자 이런 스케줄이 나에게는 얼마나 안 맞는지를 절실히 깨달았다. 아침저녁으로 혼잡한 지하철에 몸을 싣고 출퇴근해야 했고, 다른 사람들과 같은 시간에 점심을 먹기 위해 줄을 서며 시간을 허비해야 했으니까.

예전 직장에서는 표값도 싸고 객석도 텅 빈 조조 영화를 쉽게 보러 갈 수 있었고, 은행 업무도 10분이면 처리할 수 있었다. 관공서에서도 짧은 시간이면 일처리가 끝났고, 인파에 휩쓸리지 않고도 마트에서 장을 볼 수 있었다. 교통체증이라곤 없는 밤거리에서 한 시간이면 거대한 도시를 한 바퀴 돌아볼 수 있었고, 그 외에도 같은 시간에 할 수 있는 일이 훨씬 많았다. 하지만 이제는 모든 것이 달라졌다. 나는 무의미하게 믿을 수 없을 만치 기나긴 시간의 교통 체증과 길게 늘어선 줄을 계속해서 기다리면서 내 인생을 낭비하기 시작했다. 물론 남들과 같은 스케줄로 살아가는 쪽을 선호하는 사람들도 많을 것이며, 이는 각자의 선택이다. 하지만 나는 그렇게 일해 본 적이 없었기에 너무나 버거웠다. 두 달 뒤 평소의 스케줄로 돌아가게 되었을 때는 얼마나 기뻤는지 이루 말할 수가 없었다.

포시즌스 근무는 즐거웠다. 나는 회사 내부의 의사결정 과정을 잘 이해하게 되었으며, 관리자로서의 능력을 계발했다. 내 업무도 이전과는 완전히 달라졌는데, 마음에 드는 한편으로 어째서 끝없이 보고서를 작성하고 쓸데없는 서류 작업에 매몰되느라 새로운 아이디어를 발굴하고 손님과 더 많은 시간을 보내며 직원들에게 신경 쓰는 등등에 들어가야 할 유용한 시간을 허비해야 하는지는 이해할 수 없었다. 어차피 요청대로 배분되지 않을 텐데 어째서 내년 예산안을 짜야 하는지도 전혀 알 수 없는 노릇이었다.

Moscow 2015, with my friends Ilya and Nazar

어차피 2주 안에 갑작스러운 일이나 병, 직원의 휴가 요청 등으로 어그러져 전체 일정을 다시 잡아야 할 텐데도 한 달치 스케줄을 미리 잡으라는 것도 납득하기 힘들었다. 어떻게 영업을 개선할 수 있을지 아이디어를 제안하라는 지시를 받았을 때 나는 다른 호텔 바를 답습하지 않고 독창적인 아이디어를 구상하느라 많은 시간을 보낸 적도 있었다. 하지만 결국 시간 낭비였다. 딱히 비용이 들지 않는 아이디어라면 시도해 볼 만했는데도 아무도 제안을 받아들이려 하지 않았다. 어째서 이런 일에 내 인생을 낭비해야 했는지 이해할 수가 없었다.

앞서 언급했듯, 나는 포시즌스에서의 일이 즐거웠고, 단점보다는 장점이 더 많았다. 나는 나를 괴롭히던 질문들에 대한 답을 찾으려고 노력했는데, 아마 이런 큰 회사에서 일하는 사람이라면 누구나 자신에게 그런 질문을 던져 본 적이 있었을 것이다. 호텔 업계의 이야기만이 아니고, 장담컨대 어떤 분야, 어떤 직종에서나 마찬가지일 것이다. 직원들에게 업무를 지시할 때면, 나는 그게 정녕 필요한 일인지 항상 확인했다.

그리고 나는 상사의 모든 지시는 우선 효율성을 고려해야 한다고 진심으로 생각한다. 이런저런 업무에 들어가는 노력은 그만한 가치를 지니고 성과를 내야 한다. 당신이 요리사라고 가정해 보자. 당신은 윗선으로부터 최대한 빨리 새로운 메뉴를 개발하라는 지시를 받았다. 그래서 매우 많은 시간과 노력을 쏟은 끝에 개발을 완료했다고 보고하자 "미안하네만, 이젠 필요가 없네. 생각이 바뀌었거든. 그리고 신 메뉴에 들어갈 자금도 없고 말이야."라는 대답이 돌아온다.

어째서 내가 이런 질문들에 답해야 할까? 분명 임원들도 나처럼 현장에서 일했을 것이다. 나와 같은 길을 걸었고, 나이가 들은 만큼 경력도 풍부할 것이다. 그러니 다른 사람들보다 전반적으로 잘 알고 있을 텐데도 어째서 긁어 부스럼을 일으키고 효율성을 중시하지 않는 것일까? 자신이 맡은 분야에 대해 잘 모르는 보스가 있다손 치더라도 그에게는 경험 많은 중간 관리자와 전문적인 직원들이 있다. 이들의 의견을 무시하지 말고 받아들일 수도 있다. 만약 전문성 있는 직원들이 없다면 전문가를 고용하면 된다. 자신의 분야에 대해 심도 깊은 지식이 없다면 어떤 비즈니스든 망하기 전까지는 쉬워 보이기 마련이다. 스티브 잡스도 "왜 똑똑한 사람들을 고용해 놓고서 그들에게 할 일을 지시하지? 우리는 우리가 무엇을 해야 할지 말해 줄 사람이 필요해서 똑똑이들을 고용한 건데." 라 말하지 않았던가.

호텔 업계에선 많은 일들이 불유쾌하게 나를 놀라게 하고, 오해를 낳는다. 이건 내 경험에 기반한 의견일 뿐만 아니라, 세계 각국의 나와 비슷한 내 친구들 역시 같은 말을 한다.

내 경험상 종종 큰 회사들은 직원들에게 가족 가치를 주입하려는 경우가 있다. 그들은 "우리는 하나의 가족" "팀워크" "상호 협조와 도움"과 같은 표어들을 어디에서나 사용한다. 그러나 종종 진짜 이익이 되는 진정으로 가치 있는 직원이 다양한 외적 요인의 영향으로 자신의 자유 의지와 관계없이 회사를 나가는 경우에, 그들의 직속 상사들은 가치 있는 직원들을 지키기 위하여 상황을 바꾸어 보려는 노력조차 하지 않는다. 내 관점에서, "가족"이라는 단어는 이해받고, 어려운 때에 도움을 받으며, 포기할 수 없는 존재였다. 그러나 이러한 회사들이 가치 있는 직원들을 쉽게 떠나보내는 것은 내게 항상 큰 충격이었다.

내 생각에, 모두가 책임감 있게 자신의 위치에서 업무를 수행하고 탁월한 업무 결과를 보이며 최선을 다해 자신을 증명하는 방식으로 수직적 권한 관계가 구축된 경영 체계에서라면, 부서장은 관리자의 의견을 믿고 신뢰할 수 있어야 하며, 총괄 경영자는 부서장의 의견과 권고를 경청해야 한다. 그리고 만일 직원의 사직이 감정적인 번아웃에서 비롯된 것이라면, 그저 잘 가라고 손이나 흔들어주는 것보다는, 이런 위기를 극복하기 위해 도울 여러 가지 방법이 있을 것이다. 오랜 기간 충성심을 보이며 일해온 한 명의 경험 있는 직원은, 두 명의 신입보다도 낫다.

내 인생 중 이 시기에 대해서는 충분히 다룬 것 같으니 이 챕터는 이것으로 마치고자 한다. 포시즌스 근무 2년차가 끝나갈 무렵 개인적인 사정으로 러시아를 떠나 해외에서 일하기로 결심했다는 정도만 덧붙여 두겠다. 그리하여 2016년 11월 나는 두바이에서 일자리를 구해 12월에 러시아를 떠났고, 아마 다시 돌아올 생각 따위는 없었던 듯하다.

CHAPTER 6

행복한 결말의 중간에서
halfway to ride off into the sunset

Korea, 2023

이 챕터에서는 아마 2017년부터 이 책을 쓰고 있는 2022년 사이에 일했던 직장들에 대해서는 굳이 다루지 않을 듯하다. 마지막 챕터는 내 35년 인생의 결론 같은 게 되지 않을까 싶다.

두바이에서 벌어졌던 일들은 요식업 경험이 없으면서도 이 일을 쉽고 단순하다고 생각하는 사람들에게는 흔히 일어나는 일들이었다. 아무것도 이해하지 못한 이상, 모든 일은 쉬워 보일 수밖에 없다. 이는 자연스러운 일이다. 하지만 비즈니스에 있어서는 크나큰 손실을 감수해야 함을 이해해야 한다. 더구나 바 매니저는 어째서 천 달러짜리 식기세척기 대신 팔천 달러짜리가 필요한지, 왜 전용 준비실이 있어야 하는지, 최신식 바 스테이션을 설치해야 하는 이유가 무엇인지, 어째서 이런 특별한 도구가 필요한지, 왜 바에 수도를 공급해야 하는지, 좋은 칵테일 메뉴에 걸맞는 비싼 가격을 매기는 바를 영업하려면 어째서 싸구려 유리 식기를 쓰면 안 되는지 등등 경영진을 설득하는 데 언제나 많은 시간과 노력을 허비해야 했다. 싼 게 비지떡이라는 속담이 있다(우크라이나나 러시아에도 마찬가지의 격언이 있다). 비싸고 믿을 만한 장비를 사라는 것만이 이야기의 핵심이 아니다. 인체공학을 고려하지 않고 작업 구획의 개선을 위한 투자를 게을리하면 결국 손실을 보게 된다는 것 역시 내 이야기의 포인트다.

비용 절감 자체는 문제가 아니다. 하지만 그게 불합리한 수준에 다다라서는 안 된다. 손님들과 투자자들, 술과 칵테일을 사랑하는 사람들, 그리고 바 업계에 종사하지 않는 사람들 할 것 없이 모든 것이 조화롭고 단순하면서도 명료한 정말로 좋은 바를 방문한다면, 이런 바를 만들기 위해 이면에서 얼마나 많

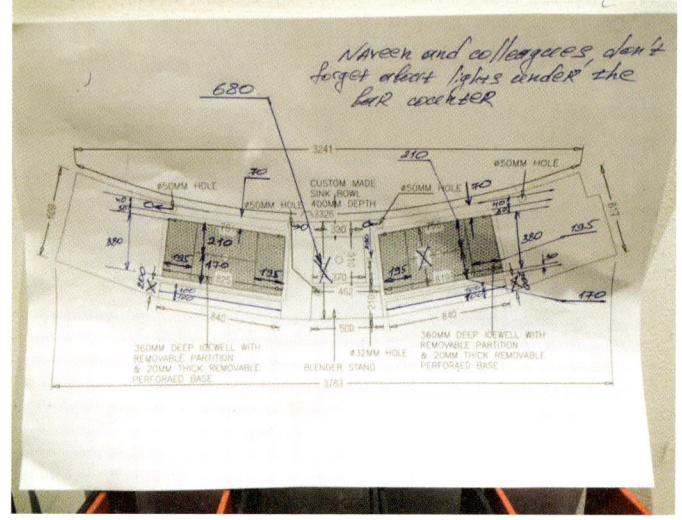

Dubai 2016, planning the future bar

은 노력이 있었는지를 결코 알 수 없을 것이다. 다른 사람들의 전문 분야는 직접 해 보기 전까지는 언제나 쉽고 단순해 보이는 법이니까.

　직원들은 언제나 핵심 역할을 수행한다. 인적 자원이야말로 지상 최고의 가치를 지니며, 특히 특정 직원을 보고 고객들이 업장을 방문하는 경우가 많은 서비스 업계에서는 더더욱 그렇다. 나는 회사가 합당한 임금을 주지 않는 바람에 귀중한 직원을 잃는 경우를 많이 보았다. 소규모 자영업자야 자본이 적기에 그럴 수 있겠지만, 가끔은 큰 업체에서도 그런 이해할 수 없는 일이 벌어진다. 그런 업체의 소유주는 돈이 너무 남아돌아 여생 동안(코로나바이러스처럼 불가항력으로 다가올 수명 말고 평범한 수명 이야기다) 다 쓸 수 없을 게 분명하다. 자신의 호텔이나 바, 레스토랑을 최고로 만들겠다고 꿈꾸며 엄청나게 비싼 디자이너를 고용하고, 가장 비싼 샹들리에를 달고,

아마 평생 동안 머무르고플 화장실을 만들면서도 인건비 문제만 되면 어째선지 그 많던 돈은 사라지고 긴축 경영을 시작한다.

나야 대기업 오너가 아니기에 소유주나 사장급 임원들 사이에서 어떤 일이 벌어지는지야 알 수 없다. 하지만 직원의 이직이 잦아서 반 년 안에 팀원들이 전부 갈릴 때가 돼서야 어째서 일이 꼬였는지를 궁금해한다면 바보같은 일일 것이다. 이 단락에서 딱히 누구를 꼬집어 말하는 것은 아니다. 오너는 자신의 뜻대로 회사를 운영할 권리가 있는 법이니까. 나는 그저 일반론을 말할 뿐이다. 이는 호텔-식음료 산업 분야에서 많은 사람들이 계속 무시해 왔던 큰 문제로, 그들은 이 문제를 간과해 놓고서는 직원을 교체했는데도 어째서 여전히 비즈니스가 잘 돌아가지 않는지 의문을 던지곤 한다.

두바이에서 근무한 후 2018년에 나는 운 좋게 한국으로 옮길 기회를 잡았다. 나는 서울에 새로 생긴 럭셔리 부티크 호텔의 바에서 일하게 되었다. 이 바는 런던에서 온 유명한 팀의 컨설팅을 받았다. 여기서 일하면서 나는 칵테일의 가니시와 잔을 장식하는 기예에 관심을 갖기 시작했다. 이미 많은 것을 알고 있었고, 경험도 충분하긴 했지만, 이 특별한 바에서 일하게 된 덕분에 나는 디테일에 더 집중할 수 있었다. 나는 사람들이 칵테일을 맛보기도 전에 사랑에 빠지기를 바랐다. 그리고, 이 분야는 내가 당시에 함께 일했던 시모네의 특기 분야였다. 여담으로, 나는 누구에게나 배울 만한 점이 있다고 믿는다. 자신보다 경험이 많은 사람에게서만이 아니다. 전문적인 지식이나 기술만이 아니라 다양한 상황에서 방법을 찾아내고, 의사소통하고, 목적을 달성하는 등 다른 사람들이 겪는 삶의 모든 것이 교훈이 된다.

바에서 우리는 오픈 준비를 위해 많은 시간을 보낸다. 다양한 가니시를 만들고, 얼음을 준비하고, 재료를 우리거나 증류하고, 모양을 내고 숙성시킨다. 때로는 바를 연 동안 일하는 시간보다 준비에 드는 시간이 더 긴 경우도 있다.

이 책의 서두에서 나 자신을 두고 인생 초입에 딱히 목표가 없던 평범한 사람, 어떤 분야든 최고도 최악도 아닌 사람, 특별한 능력이나 재능이 없는 평범하고 흔하디 흔한 사람 중 하나라고 말했음을 상기해 보자. 이제 와서 돌이켜 보면, 그런 사람은 백지로 된 책처럼 정해진 "운명"이 없어 무엇을 하고 싶은지, 또 무엇이 되고 싶은지를 선택할 수 있기에 딱히 나쁘지 않다고 생각한다. 누군가가 무엇을 이룰 수 있다면, 당신

또한 할 수 있다고 나는 믿는다. 평생 문학 교사로 일했을지라도 갑자기 물리학자로 전직해 로켓을 설계하고 싶어질 수도 있고, 가능한 일이라고 믿는다. 마음만 먹는다면 못할 것이 없다. 나는 재능을 가진 사람이 남들보다 유리함을 부정하지는 않지만, 끈기는 재능보다 강하다고 생각한다. 성공의 열쇠는 재능이 아니라 끈기다.

예를 들어 나는 지금 창의적인 직종에 종사하고 있지만, 난 원래 창의력이 넘치는 아이가 아니었고, 개발할 기회도 없었으며, 이 일을 하기 이전까지는 비슷한 직종에서 일해 본 적조차 없었다. 어머니는 회계사였고, 아버지는 기술자였다. 본받을 만한 사람도 없었다. 하지만 창의성은 근육과도 같아 더 많이 개발할수록 결과물도 좋아진다. 만약 당신에게 능력이 없었더라도, 노력을 통해 능력을 개화시킬 수 있다.

그리고 (내 인생의 나처럼) 당신이 "넌 이 일을 맡을 수 없어", "이 못난 놈 같으니", "네가 할 수준이 아니야", "넌 성공하지 못할 거야" 같이 말하는 사람과 만난다면, 가장 중요한 건 이런 말을 하는 사람들을 귓등으로도 듣지 않는 것이다. 그냥 귀신이 벽을 지나쳐 가듯, 한 귀로 흘려버려라. 그리고 당신에게 주어진 일을 묵묵히 해나가라.

잘 생각해보면, 목표를 달성하기 위해서 꼭 동기부여에 관한 특별한 책을 읽거나 매일 아침 5시에 일어나서 달리기를 시작하라고 말하는 성공한 사람들의 이야기를 따라야 하는 것은 아니다.

당신이 매일 아침 5시에 일어난다면, 그건 당신이 일찍 일어날 수 있다는 의미밖에는 되질 않는다, 그리고 이건 당신의 목표를 이루는 것과 아무런 관계가 없을 수도 있다. 끊임없이 인내심을 가지고 배우며, 가능한 한 유용하고, 올바르며, 합리적으로 원하는 기술을 향상시키기 위하여 시간을 사용해라. 시작한 것을 포기하지 말고, 게으름에 굴복하지 말고 오늘 할 일을 내일로 미루지 마라. 그러나, 휴식 시간을 가지는 것 역시 중요하다. 개인 시간을 무시해서는 안 되고, 반드시 여유를 가져야 한다. 아놀드 슈워제네거는 말했다 : "우리들은 남들이 술을 마시고 담배를 필 때 열심히 일하지만, 그렇게 열심히 일한 후에는 술을 마시고 담배를 핀다."

가장 중요한 건, 매사에 균형을 지켜야 한다는 거다.

Dubai 2017, speed mixing cocktail competition

내가 처음 바에서 일하기 시작했을 무렵, 나는 "너는 미적 감각이나 스타일이라고는 눈꼬리만큼도 없구나.", "너는 남들이 다 만드는 것만 만들 수 있을 거야." 같은 이야기들을 들었다. 나는 거기에 눈꼽만큼도 신경 쓰지 않았다. 진심으로 받아들이지 않았다. 나는 내 주변 사람들이 성공했으니, 나 역시도 반드시 그렇게 되리라고 믿었다. 지금 당장이 아니라고 할지라도 말이다. 다른 사람이 당신의 인생에 영향을 끼치도록 두지 마라. 특히 무언가를 이루지 못하고서 떠들어대는 사람들이 있다면 더욱 그렇다. 그러한 부류의 사람들이 가장 위험하다. 아마 그들은 사람들을 자신들과 같은 수준으로 끌어내려 머무르길 원하는 이들이다. 그들은 뒤쳐진 채 홀로 남길 두려워하면서도, 발전하기 위해 노력하길 원치 않는다. 혹시 '게 바구니 이론'이나 '게 심리'에 대해서 들어본 적 있는가? 이건 바구니 속에 넣어진 게에 대한 이야기다. 몇몇 게들은 바구니에서 빠져나올 수 있지만, 그들이 바구니의 테두리에 닿았을 때, 다른 게들이 그들에게 매달리며 빠져나가는 걸 허락하지 않는다.

이 책을 쓰기 직전에 나는 4챕터에 나왔던 전 매니저 벡에게서 온 전화를 받았다. 그는 내게 런던에 있는 자신의 레스토랑 체인 운영 이사 자리를 제안했다. 사무직을 맡을 시간은 많이 남았지만, 내 다리가 멀쩡한 한 나는 바에서 더 유용할 사람이기에 그 제안을 거절했다.

바텐더는 놀라운 직업이다. 경험을 더 많이 쌓을수록 우리는 그 경험을 일에 더 많이 적용할 수 있다. 좋은 바텐더가 되려면 다재다능해야 한다. 우리가 내놓는 칵테일은 좋은 바가 되기 위한 여러 요소 중 일부일 뿐이다. 바의 분위기, 접객, 친절, 즐거운 의사소통, 손님을 귀찮게 하지 않는 서비스, 디테일에 대한 집중까지 갖춰야 바는 진정으로 훌륭해진다. 바텐더는 손님의 신뢰를 쟁취할 수 있어야 한다.

나는 여전히 매일 바에서 두세 시간을 더 무급으로 일한다. 나는 미리 출근해 내 칵테일의 퀄리티가 손님에게 부끄럽지 않도록 제대로 준비하고, 새로운 메뉴와 아이디어를 구상하는 데 시간을 보낸다. 생각컨대 나는 내 인생의 황혼까지 중간 정도 오지 않았나 싶다. 즉 나는 아직도 현역이라는 말이리라.

건배!

PART 2.
COCKTAILS:

PANDAS' WORLD

가벼운 산미가 느껴지며, 부드럽고 달콤합니다.

마실 때 알코올 부즈가 약간 있지만, 전반적으로 부드러운 맛을 유지합니다.

먼저 홍차와 토피, 오크통의 탄닌, 구운 바나나의 맛이 느껴지며,

후미에서는 약간의 스모크향, 시가향, 부드러우면서 피티한 맛이 남습니다.

RECIPE

Ingredient

- **10ml** Aromatic fig syrup
- **20ml** Makgeolli falernum
- **20ml** Fresh lime juice
- **20ml** Jamaican aged rum
- **20ml** Spiced rum
- **10ml** Scotch islay/smoky whisky
- **glass** Sake cup, 50ml bottle

Method

Shake all ingredients, strain into 50ml bottle and put the leftover into sake cup

Serve

- put 50ml bottle covered with bamboo leaves upside down into sake cup, add cube ice into the cup
- on top of the bottle place bamboo branch and a few jelly pandas
- on top of the sake cup put parsley, edible flowers, serve with 2 short rye straws
- first, drink all that is in the sake cup, then slightly lift 50ml bottle (which you filled with the cocktail before), so that fresh portion pours out and refills your cup again

Preparation

Aromatic fig syrup simple syrup infused 24 hours at room temperature with cut dry dates.

Makgeolli falernum reduce down on heat in 2 times makgeolli with cloves, marzipan, lime peels and hazelnut

레시피

재료

10ml 아로마틱 무화과 시럽

20ml 막걸리 팔레넘

20ml 생 라임 쥬스

20ml 자메이칸 고숙성 럼

20ml 스파이스드 럼

10ml 아일라 위스키 또는 기타 피티드 위스키

가니시 곰 젤리, 댓잎, 댓가지, 파슬리, 식용 꽃

잔 사케 잔, 50ml 병

테크닉

셰이킹, 스트레이닝

서빙

칵테일을 50ml 병에 담고, 남은 칵테일은 사케 잔에 담으세요.

댓잎으로 감싼 50ml 병을 사케 잔에 넣고, 잔에 각얼음을 넣으세요.

병 위에 대나무 가지와 곰 젤리로 장식합니다.

사케 잔 위에 파슬리와 식용 꽃을 얹은 뒤 2개의 짧은 밀짚 빨대와 함께 제공하세요.

◆ 먼저 사케 잔을 비우고, 칵테일을 담아 둔 50ml 병을 기울여 술을 따릅니다. 신선한 상태로 술을 리필할 수 있습니다.

밑준비

아로마틱 무화과 시럽 무화과와 말린 대추야자를 실온에서 24시간 동안 심플 시럽에 넣어 인퓨징해 줍니다.

막걸리 팔레넘 막걸리에 정향, 마지팬, 라임 껍질, 헤이즐넛을 넣고 두 번 졸여 줍니다.

02

COMMON SENSE

도수가 높고 매혹적인 칵테일로 약간 쌉쌀하며 크리미한 맛이 납니다.

풍부한 시트러스 계열의 향과 맛으로 시작하며,

정향, 헤이즐넛, 신선한 월계수잎의 풍미로 발전합니다.

RECIPE

Ingredient

50ml Scotch whisky

30ml Clarified negroni cocktail

1 bar spoon Simple syrup

10ml Fresh grapefruit juice

1 dash of 1% Salt solution

glass Whisky

Method

Stir all ingredients and strain

Serve

- use big chunk of ice or regular cube ice
- grapefruit zest

Preparation

Clarified negroni cocktail milk washed standard negroni cocktail

레시피

재료

50ml 스카치 위스키

30ml 맑은 네그로니 칵테일

1 bar Spoon 심플 시럽

10ml 생 자몽 주스

1 dash 1% 농도의 소금물

- 1dash 는 1/8 티스푼 정도로 아주 적은 양만 넣도록 한다.

가니시 자몽 제스트, 마시멜로

잔 위스키 잔

테크닉

스터링, 스트레이닝

서빙

큰 덩어리 얼음이나 보통의 각얼음을 사용하세요.

자몽 제스트로 잔을 장식합니다.

◆ 우유를 사용해 맑은 네그로니 칵테일을 만드는 방법은 유튜브 등에서 찾을 수 있습니다.

밑준비

맑은 네그로니 칵테일 우유를 사용해 네그로니 칵테일을 맑게 만듭니다.

MONTE BIANCO

디저트용 음료처럼 보이지만, 사실은 상쾌한 화이트 와인의 산미를 가지고 있습니다.
드라이 진의 부드러운 솔향과 카카오의 달콤함이 조화를 이룹니다.

RECIPE

Ingredient

45ml London dry gin

15ml Light cream

15ml Fino sherry

20ml White cacao liquor

glass Whisky

Method

Shake, double strain

Serve

- dip a big chunk of ice on 1/3 into coconut oil and put it in the glass
- double strain the cocktail into the glass

레시피

재료

45ml 런던 드라이 진

15ml 라이트 크림

15ml 피노 셰리

20ml 카카오 리큐어

가니시 코코넛 오일, 코코넛 플레이크

잔 위스키 잔

테크닉

셰이킹, 더블 스트레이닝

서빙

커다란 얼음덩이의 1/3 정도를 코코넛 오일에 담근 뒤 유리컵에 넣으세요.

더블 스트레인한 칵테일을 코코넛 오일을 바른 얼음 위에 부어 주세요.

04

INTERSTELLAR COCKTAIL

풍부한 향미와 높은 도수, 약간 드라이한 맛을 가진 칵테일입니다.

시트러스의 풍미와 더불어 후추와 흡사한 멜레게타의 향,

사케의 식감과 녹색 올리브의 맛을 동시에 느낄 수 있습니다.

RECIPE

Ingredient

40ml London dry gin

5ml Sake 35-40% abv

10ml Dry oloroso sherry

10ml Sencha cordial

10ml Citrus flavored vodka

A few drops of Violet food coloring

15ml Quinine-flavored aperitif wine

2 drops of Red colored sesame oil

2 drops of Blue colored avocado oil

glass Martini or coupe

Method

Stir all ingredients together well

Serve

- strain cocktail into the glass
- put one additional drop of red colored oil on top of the drink
- if cocktail seems too oily, reduce the amount of oil
- you can stir the first cocktail without oils and add a few oil drops on top
- using a pipette will make it easy to add oils

Preparation

Sencha cordial brewed good quality sencha tea mixed with citric and malic acids

Red colored sesame oil sesame oil mixed with red food coloring for oil

(shake well before each use)

Blue colored avocado oil avocado oil mixed with blue food coloring for oil

(shake well before each use)

레시피

재료

40ml 런던 드라이 진

5ml 도수 35~40%이상 사케

10ml 드라이 올로로소 셰리

10ml 전차(일본 녹차) 코디얼

10ml 시트러스 가향 보드카

A few drops 보라색 식용 색소

15ml 퀴닌 풍미의 아페리티프 와인

2 drops 붉은색 참기름

2 drops 푸른색 아보카도 오일

잔 마티니 또는 쿠페 잔

테크닉

스터링, 스트레이닝

서빙

칵테일을 잔에 따릅니다.

칵테일 위에 붉은색 기름 한 방울을 더합니다.

- 만약 칵테일이 너무 기름진 듯하면 기름의 양을 줄이세요.
- 스터링할 때 기름을 넣지 않아도 됩니다.
  이 경우 서빙할 때 붉은색과 푸른색 기름을 몇 방울씩 떨궈 줍니다.
- 기름을 넣을 때 피펫을 사용하면 좀 더 편합니다.

준비

전차 코디얼 좋은 품질의 전차를 우려내 구연산과 말산을 섞습니다.

붉은색 참기름 참기름과 빨간 지용성 식용 색소를 섞습니다.(사용하기 전에 흔들어 주세요)

푸른색 아보카도 오일 아보카도 오일과 파란 지용성 식용 색소를 섞습니다.

(사용하기 전에 흔들어 주세요)

HEAVEN HILL

보드랍고 폭신한 목넘김이 산미와 단맛의 밸런스가 잘 잡힌

이 칵테일을 더욱 빛나게 합니다.

칵테일을 마시며 부드러운 밀크 초콜릿, 모카 커피,

약간 달콤한 바닐라 커스터드의 맛을 느낄 수 있습니다.

RECIPE

Ingredient

- **40ml** White rum infused with kafir lime leaves
- **15ml** Pineapple juice
- **20ml** Pisco quebranta
- **15ml** Heavy cream
- **20ml** Pineapple syrup
- **15ml** Fresh lemon juice
- **15ml** Fresh lime juice
- **25ml** Egg white
- Soda water, chilled, to top
- **glass** Elegant champagne

Method

Hard shake, double strain

Serve

- before preparing the cocktail, make a sugar rim and fix the petals on the stem of the glass with honey (smear the honey with a brush)

Preparation

Pineapple syrup · infuse for 24 hours 500ml of rich sugar syrup with half a fresh pineapple (peel, cut into small pieces), strain, keep chilled

Rum with lime leaves for a bottle of rum (750ml) use about 6 lime leaves, let the ingredients sit for 3-4 days in a cool, dark place. Strain after and use. The amount of leaves used depends on how strong you want the kaffir flavor to be.

레시피

재료

40ml 카피르 라임 잎을 인퓨징한 화이트럼

15ml 파인애플 주스

20ml 피스코 퀘브란타

15ml 헤비 크림

20ml 파인애플 시럽

15ml 생 레몬 주스

15ml 생 라임 주스

25ml 달걀 흰자

차가운 필링용 탄산수

가니시 꽃잎, 글루코스, 설탕

잔 샴페인용 플루트 잔

테크닉

하드 셰이킹, 더블 스트레이닝

서빙

플루트잔에 설탕을 리밍하고 유리잔의 스템에 꽃잎을 글루코스로 고정하세요.

잔에 칵테일을 따른 후, 탄산수로 채웁니다.

준비

파인애플 시럽 껍질을 제거하고 잘게 썬 생 파인애플 반 개를 500ml의 헤비 시럽에 24시간 동안 인퓨징한 뒤 걸러내 차갑게 보관합니다.

라임 잎을 인퓨징한 럼 럼 한 병(750ml)당 약 6개의 라임 잎을 사용합니다.

럼에 라임 잎을 인퓨징한 뒤 서늘하고 어두운 곳에 3~4일 동안 두었다 걸러낸 다음 사용해 주세요. 사용하는 잎의 양은 카피르 맛을 얼마나 강하게 원하느냐에 따라 조절할 수 있습니다.

PARFAIT d'AMOUR

도수가 높고 달콤쌉살한 칵테일입니다.

첫 모금은 초콜릿 에스프레소 커피나 티라미수를 연상시킬지도 모릅니다.

버터스카치는 기분 좋은 밀크 초콜릿의 미각을 선사하며,

잠시 동안 쓴 오렌지, 뿌리, 섬세한 허브의 언더톤을 느낄 수 있습니다.

칵테일을 다 마신 뒤 숨을 들이키면 흑설탕, 메이플 시럽, 제스티 자몽,

신선한 민트 또한 느껴질 것입니다.

RECIPE

Ingredient

40ml Butterscotch infused with aged rum

10ml Pedro Ximenez sherry

10ml Gold rum

5ml Fernet branca

25ml Aperol infused with dried apricots

2.5ml Campari

glass Teacup

Method

Mix all ingredients together without ice and chill in the freezer. Use once chilled

Serve

- pour chilled batch into the teacup
- use shaved ice for this drink and pile ice into the glass so that a hill forms
- use a short straw to drink it
- garnish top with mint, strawberry, macaroon & edible rose
- you can drink this cocktail on the rocks, in which case you don't need to chill it
- this is a sweet and strong cocktail with light bitter notes

Preparation

Butterscotch infused rum dilute in 700ml of aged rum 150-200 grams butterscotch candies. Wait for about 24 hours until dilution happens or use blender.

Aperol infused with dried apricots infuse for 24 hours aperol and dry apricots in 3:1 ratio.

레시피

재료

40ml 버터스카치를 인퓨징한 고숙성 럼

10ml 페드로 히메네스 셰리

10ml 골드 럼

5ml 페르네 브랑카

25ml 말린 살구를 인퓨징한 아페롤

2.5ml 캄파리

가니시 딸기, 식용 꽃, 민트 잎, 마카롱

잔 찻잔

테크닉

얼음 없는 빌딩. 칠링

서빙

모든 재료를 얼음 없이 믹싱 글라스에 넣어 스푼으로 섞습니다.

주조한 드링크를 냉동실에 보관합니다.

간 얼음을 잔에 소복히 넣습니다.

차가워진 드링크를 찻잔에 부어 줍니다.

식용 장미, 마카롱, 딸기 민트로 윗부분을 장식해 줍니다.

짧은 빨대를 사용해 드세요.

◆ 얼음덩어리를 넣어 제공할 수도 있으며, 이 경우 칠링 작업은 필요 없습니다.

◆ 이 칵테일은 옅은 쓴맛을 띠는 강하고 달콤한 칵테일입니다.

준비

버터스카치를 인퓨징한 고숙성 럼 고숙성 럼 700ml에 150~200g의 버터스카치 사탕을 녹입니다. 약 24시간 동안 기다리거나 믹서기를 사용하세요.

말린 살구를 인퓨징한 아페롤 아페롤과 건살구를 3:1 비율로 24시간동안 인퓨징해 줍니다.

MI AMOR

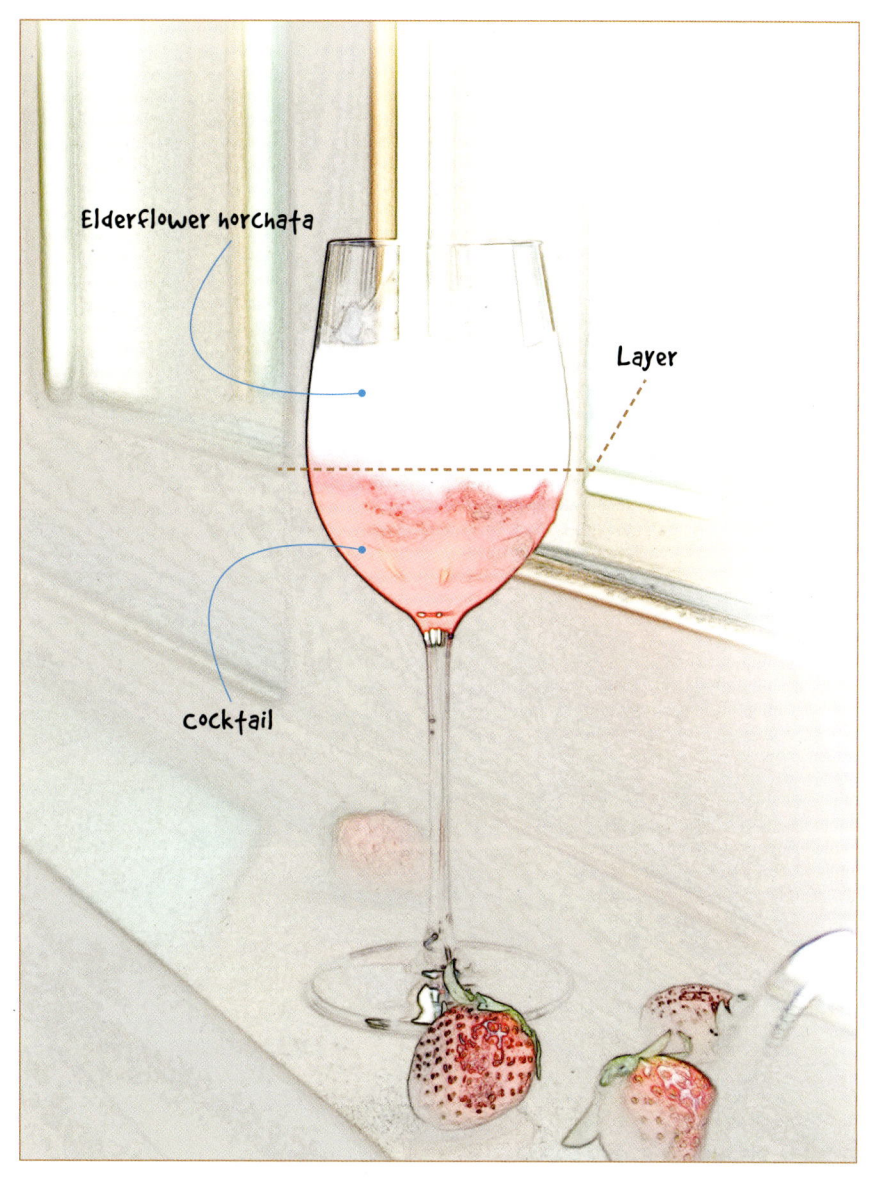

부드럽고 깔끔하면서도 수수한 칵테일입니다.

첫맛은 단순하다고 느낄 수 있지만,

마실수록 이 칵테일의 진가를 이해할 수 있습니다.

잘 찾아 보세요.

딸기, 엘더플라워, 바닐라, 아몬드, 계피, 구운 토스트, 복숭아 등이

이 칵테일에 숨겨져 있습니다.

RECIPE

Ingredient

3-4 pieces Fresh strawberry- muddle well

1 bar spoon Passion fruit purée

30ml Tequila

20ml Vanilla-pineapple syrup

20ml Cognac VS or armagnac VS

15ml Fresh lime juice

Layer (about 60ml) **of** Elderflower horchata

glass Wine

Method

Shake all ingredients except horchata, strain into glass over cube ice

Serve

- after cocktail is strained, add layer of horchata
- if you don't have brandy, just use 50ml of tequila
- I recommend not mixing layers and just drinking the cocktail as it is

Preparation

Vanilla-pineapple syrup · infuse for 24 hours 500ml of rich sugar syrup with half a fresh pineapple (peel, cut into small pieces) and 2 vanilla pods cut lengthwise

Elderflower horchata mix 1 liter drinking water and 300 grams rice, leave in the fridge for 24 hours. Strain and add 60ml of elderflower syrup (can be bought in a shop), 40ml fresh lime juice and 30ml simple syrup. Mix everything well, keep chilled

레시피

재료

3-4 pieces 찧은 신선한 생딸기 3~4개

1 bar spoon 패션프루트 퓌레

30ml 테킬라

20ml 바닐라 파인애플 시럽

20ml 코냑 VS 또는 알마냑 VS

15ml 생 라임 주스

Layer (약 60ml) of 엘더플라워 오르차타

잔 와인잔

테크닉

셰이킹, 스트레이닝

서빙

셰이크한 칵테일을 잔에 든 각얼음 위에 붓습니다.

오르차타를 플로팅해 마무리합니다.

- 만약 코냑, 알마냑 또는 브랜디가 없다면 테킬라 50ml를 사용해 주세요.
- 섞지 않고 그대로 마시는 음용법을 추천합니다.

준비

바닐라 파인애플 시럽 껍질을 제거하고 잘게 썬 생 파인애플 반 개와 세로로 가른 2개의 바닐라 포드를 500ml의 헤비 시럽에 24시간 동안 인퓨징한 후 걸러낸 다음 차갑게 보관합니다.

엘더플라워 오르차타 1리터의 정제수와 300그램의 쌀가루를 섞어서 24시간 동안 냉장고에 두세요. 그 후에 걸러서 60ml의 엘더플라워 시럽, 40ml의 신선한 라임 주스, 그리고 30ml의 심플 시럽을 넣어 잘 섞고 차갑게 보관하세요.

GINGERY DRAGON

생강을 좋아하는 사람에게는 안성맞춤인 칵테일입니다.

도수가 꽤 높고, 매우 향긋하면서도, 마시기 쉽고 고소합니다.

바질과 생강을 주 재료로 삼은 진저리 드래곤은 따뜻한 향신료와 럼의 오크향,

스카치 위스키의 과일과 후추 같은 향취와 잘 어우러집니다.

RECIPE

Ingredient

4 Small pieces of Ginger root - muddle

6-8 Fresh basil leaves - muddle

40ml Spiced rum

10ml Speyside scotch whisky

20ml Simple syrup

25ml Fresh lime juice

2 dashes Aromatic bitters

glass Fresh dragon fruit, insides scooped out

Method

Shake, double strain

Serve

- double strain cocktail into dragon fruit
- serve with short straw
- place on bamboo tree like in the picture
- if you don't want to serve it fancy, just use a martini or coupe glass

레시피

재료

찧은 생강 네 조각

6-8 찧은 신선한 바질 잎

40ml 스파이스드 럼

10ml 스페이사이드 스카치 위스키

20ml 심플 시럽

25ml 생 라임 주스

2 dashes 아로마틱 비터

가니시 용과 슬라이스, 식용 꽃, 행운목

잔 속을 비운 용과

테크닉

셰이킹, 더블 스트레이닝

서빙

더블 스트레인한 칵테일을 용과에 부어 주세요.

짧은 빨대와 함께 제공합니다.

사진처럼 행운목에 거치해 주세요.

◆ 화려한 장식을 원하지 않는다면 그냥 마티니나 쿠페 잔을 사용하세요.

09

EMERALD CITY OF OZ

중간 정도 도수의 세련되고 부드러운 칵테일입니다.
이 칵테일은 셀러리, 향나무, 인도산 향신료의 향취뿐만 아니라
희미한 아니스, 레몬 제스트, 구아바, 구스베리의 맛도 느낄 수 있습니다.

RECIPE

Ingredient

- **1** Fresh celery stick - muddle wel
- **50ml** London dry gin
- **15ml** Pineapple juice
- **15ml** Simple syrup
- **25ml** Fresh lemon juice
- **10ml** New Zealand sauvignon blanc wine
- **glass** Whisky

Method

Shake, double strain

Serve

- there is emerald colored isomalt fixed with liquid nitrogen inside the glass
- if you don't want to serve it fancy, just use a martini or coupe glass

레시피

재료

1　잘 찧은 생 셀러리 스틱
50ml　런던 드라이 진
15ml　파인애플 주스
15ml　심플 시럽
25ml　생 레몬 주스
10ml　뉴질랜드 소비뇽 블랑 와인
잔　위스키잔

테크닉

셰이킹, 더블 스트레이닝

서빙

잔 안에 액체 질소로 얼린 에메랄드 색상의 이소말트를 넣은 뒤, 칵테일을 스트레인합니다.

◆ 화려한 장식을 원하지 않는다면, 그냥 마티니 잔이나 쿠페 잔을 사용하세요.

RAINBOW G&T

여러 층으로 배치한 신선한 시트러스 계열 과일이

한 모금씩 마실 때마다 칵테일을 멋들어지게 합니다.

베르가모트와 스파클링 와인의 산미는 더욱 복잡한 맛을 자아내어

잊을 수 없는 감동을 안길 것입니다.

이 칵테일은 각기 다른 시트러스 과일이 독특한 맛을 내뿜으며

새로운 레이어에 다다를 때마다 맛이 조금씩 달라집니다.

RECIPE

Ingredient

50ml Sparkling wine

30ml Any gin you like

5ml Italian rosolio di bergamotto

Top up with good tonic water

glass Highball

Method

Build

Serve

- you need to cut thin ice in advance and keep it in the freezer
- lime, yuzu, mandarin and watermelon wheels placed horizontally into the glass with thin ice between each citrus
- for this cocktail personally I prefer to use New Western Dry Gin style category with less dominant flavors of juniper
- first make sure to add the cocktail citrus and ice as mentioned above, then pour in all ingredients and stir with a knife to gently mix everything

레시피

재료

50ml 스파클링 와인

30ml 취향에 맞는 적절한 진

5ml 이탈리안 로솔리오 디 베르가모토

토닉워터

가니시 라임, 유자, 귤, 수박 등 다양한 과일 슬라이스

잔 하이볼 잔

테크닉

빌드

서빙

미리 얇은 판얼음을 준비해 냉동실에 보관해야 합니다.

라임, 유자, 귤, 수박 슬라이스 사이에 얇은 얼음을 끼워 유리컵에 수평으로 놓습니다.

와인과 진, 베르가모트를 붓고 빌딩합니다.

- 개인적으로 이 칵테일을 위해 저는 주니퍼 향이 약한 뉴 웨스턴 스타일 드라이 진을 선호합니다.

- 먼저 위에 언급된 것처럼 칵테일에 시트러스와 얼음을 넣고, 모든 재료를 부은 뒤 칼로 저어 드링크를 부드럽게 섞습니다.

110 BAR DRAFTS

MJOLNIR

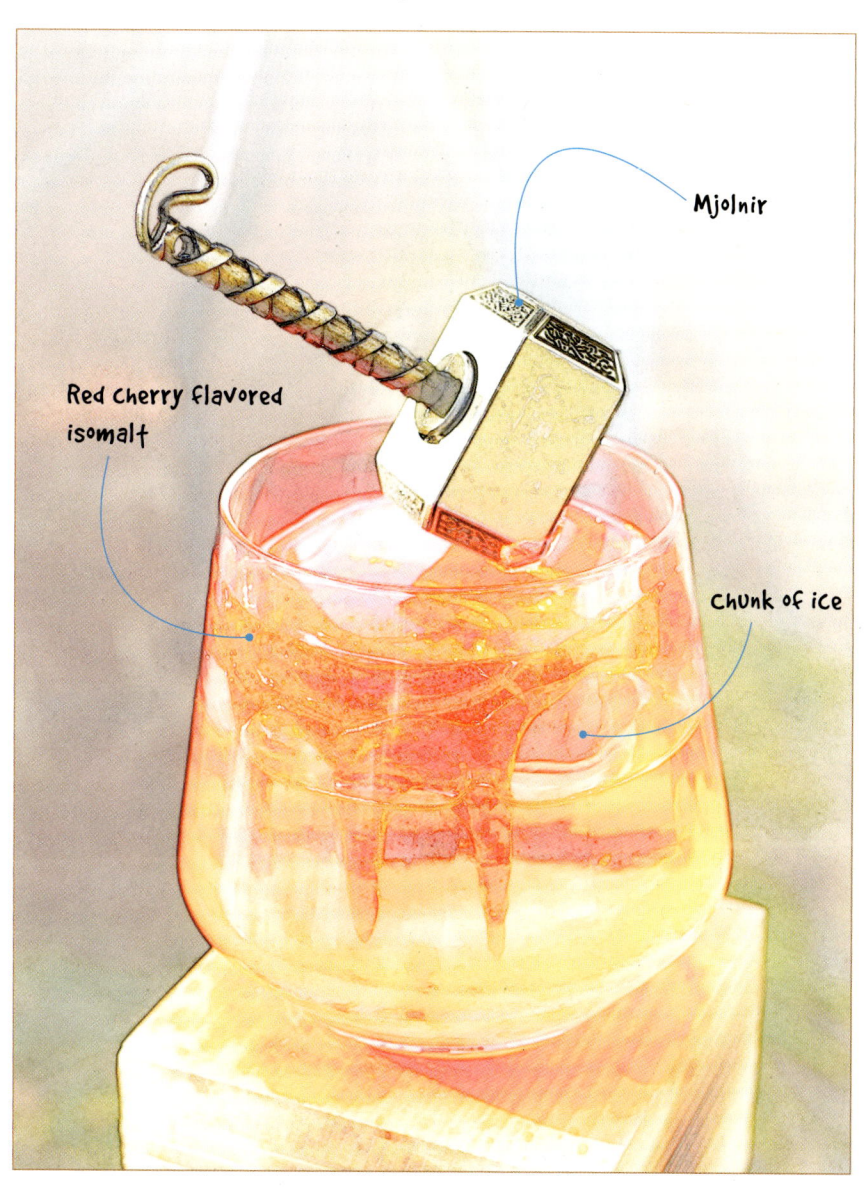

과일 맛을 기반으로 버번의 향취가 살짝 느껴지는

도수가 높고 달콤쌉살한 사이드 칵테일입니다.

첫맛으로는 바닐라와 베르가모트를,

끝맛으로는 견과류, 버터스카치, 비터 초콜릿의 풍미를 선사합니다.

RECIPE

Ingredient

40ml Bourbon 40-45% abv

25ml Bianco vermouth

15ml New Zealand sauvignon blanc wine

10ml Italian rosolio di bergamotto

1 dash Orange bitters

glass Rocks

Method

Stir, strain

Serve

- on top of the ice pour red cherry flavored isomalt and put glass directly in the freezer.
- take glass from freezer as needed after stirring cocktail, and strain cocktail into it
- dip the edge of a hammer into melted down isomalt and fix it in the center of the ice
- before drinking the cocktail, pick up hammer and put it to the side

레시피

재료

40ml 40~45도 이상의 버번

25ml 화이트 베르무트

15ml 뉴질랜드 소비뇽 블랑 와인

10ml 이탈리안 로솔리오 디 베르가모토

1 dash 오렌지 비터

가니시 장식용 소형 망치

잔 온더락 잔

테크닉

스터링, 스트레이닝

서빙

얼음 위에 레드체리 맛 이소말트를 붓고 잔을 냉동실에 보관합니다.

칵테일을 스터링한 뒤 잔을 꺼내서 칵테일을 스트레인합니다.

녹인 이소말트를 이용해 망치 가장자리를 얼음 중앙에 고정시킵니다.

◆ 마시기 전에 망치는 분리해 주세요.

TRUE LOVE IS POSSIBLE

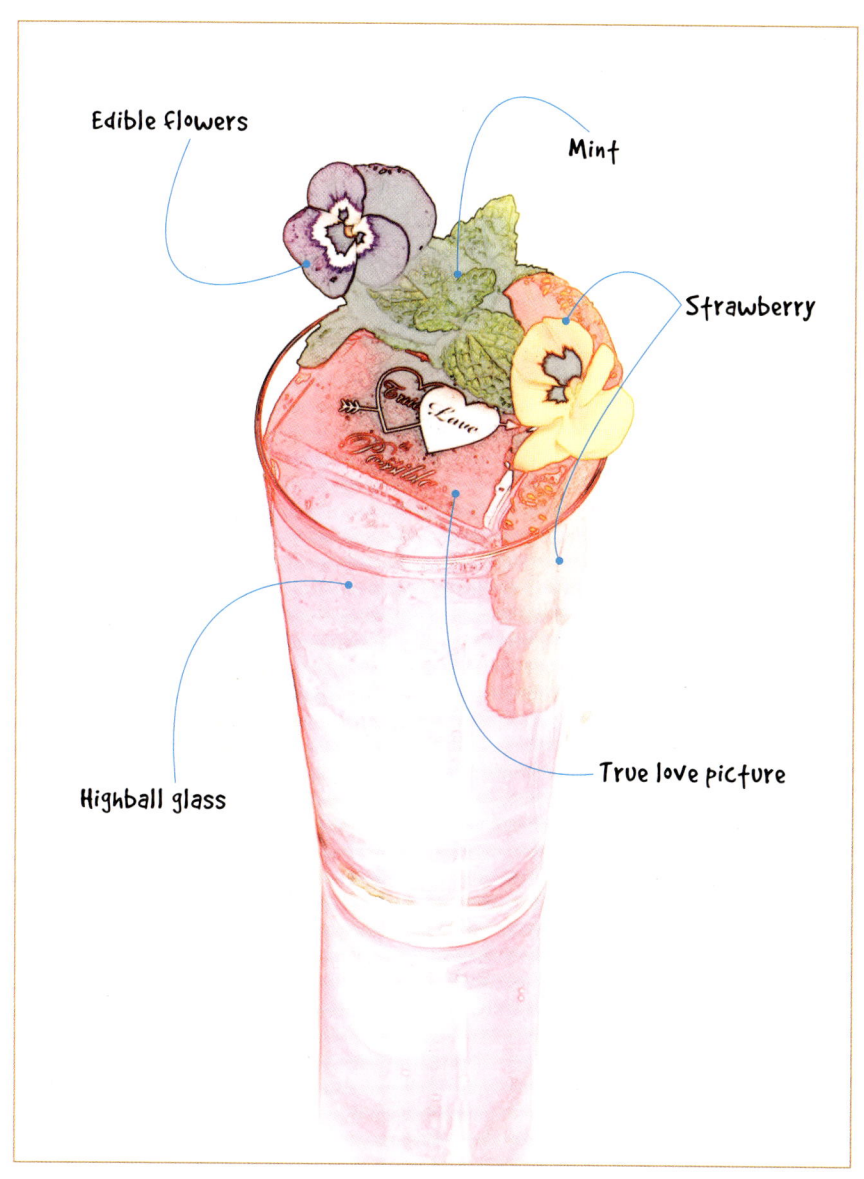

드라이-사워 하이볼입니다.

구운 라즈베리의 풍부한 향과 진저 향이 어우러지며

크리스마스풍의 스파이스가 느껴집니다.

또한 꿀과 감초, 상큼한 레몬, 부드러운 가죽의 향을 음미할 수 있습니다.

RECIPE

Ingredient

3-4 pc Small fresh ginger cubes - muddle

15ml Simple syrup

3-4 pc Raspberries - muddle

25ml Fresh lemon juice

40ml Cognac VS

Top up with raspberry flavored beer

glass Highball

Method

Shake, double strain

Serve

- strain all ingredients into the glass, top up (approx 60ml) with beer, add cube ice and top up with crushed ice, use straw to drink it.
- **for garnish** cherry, mint, strawberry, edible flowers, true love pic
- raspberry purée or raspberry jam also works well, if you use raspberry jam reduce simple syrup
- this recipe works well with other alcohol as well (vodka, gin, rum etc)
- you can do any fancy garnish you like

Preparation

True love pic print out a picture on icing sheets using an edible printer

레시피

재료

3-4 찧은 작은 생강 조각

15ml 심플 시럽

3-4 으깬 라즈베리 조각

25ml 생 레몬 주스

40ml 코냑 VS

라즈베리향 맥주

가니시 체리, 민트, 딸기, 식용 꽃, True love 아이싱 시트

잔 하이볼 잔

테크닉

셰이킹, 더블 스트레이닝

서빙

모든 재료를 셰이크한 뒤 스트레인해서 잔에 부은 다음 약 60ml의 맥주를 위에 부어 줍니다. 각얼음과 찧은 얼음으로 장식한 뒤 후 빨대를 사용해 마십니다.

◆ 라즈베리 퓌레나 라즈베리 잼을 사용해도 괜찮습니다.
  만약 라즈베리 잼을 사용한다면 심플 시럽의 양을 줄여 주세요.

◆ 이 레시피는 진이나 럼 등 다른 술과도 잘 어울립니다.

◆ 가니시는 아무거나 화려한 장식을 사용하시면 됩니다.

준비

true love 사진 아이싱 시트에 식용 프린터로 'true love'를 인쇄합니다.

LA PALOMAS

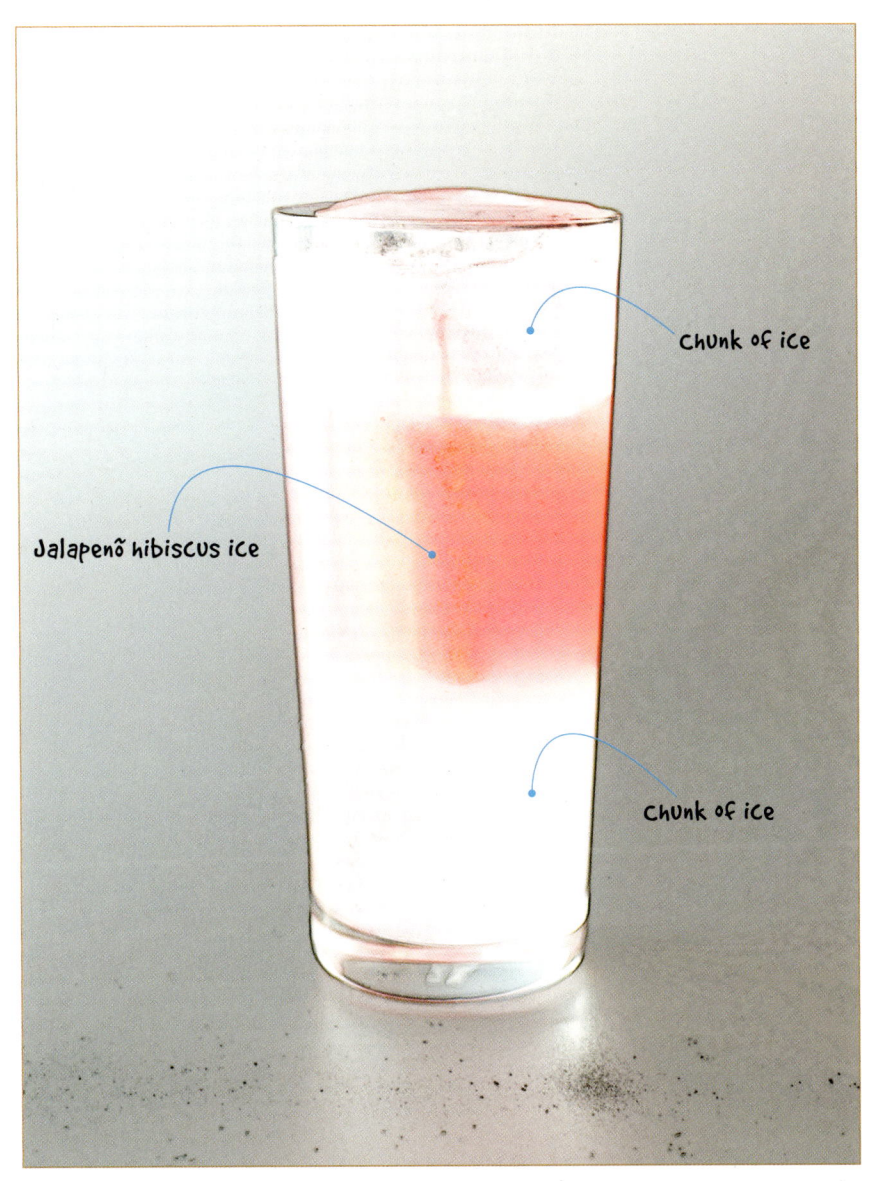

알콜향이 적당히 올라오며 상쾌한 신맛을 내는 롱드링크입니다.
살짝 드라이한 풍미를 지녔지만, 끝맛은 얼얼한 매운맛이 납니다.
첫맛은 맵고 깔끔하며, 중간에는 약간 짜면서도 살짝 매우며,
끝맛으로는 가벼운 백후추맛과 섬세한 타르트의 풍미가 느껴집니다.

RECIPE

Ingredient

50ml Tequila 100% agave

25ml Fresh lime juice

12.5ml Agave nectar

Top up with homemade grapefruit soda

glass Highball

Method

Shake, double strain

Serve

- place 1 large ice cube on the bottom of the glass, 1 frozen jalapeño hibiscus-infused ice cube, 1 large ice cube on the top of the glass
- before double straining all ingredients into the glass, pour (approx. 60ml) grapefruit soda into the shaker
- depending on how spicy you made the ice, the longer you drink cocktail, the spicier it becomes

Preparation

Homemade grapefruit soda pour into soda syphon 700ml strained fresh grapefruit juice from white grapefruits, chill down well, charge 2 CO_2 chargers. In case you use red grapefruit, I recommend clarifying the juice first

Jalapeño hibiscus ice brew hibiscus tea in the water and infuse jalapeño (or any other type of spicy pepper) in it. Strain, freeze the water, cut into cubes

레시피

재료

50ml 100% 아가베 테킬라

25ml 생 라임 주스

12.5ml 아가베 넥타

수제 자몽 소다

잔 하이볼 잔

테크닉

셰이킹, 더블 스트레이닝

서빙

각얼음을 세 개 준비합니다. 그중 하나는 할라페뇨 히비스커스가 들어간 얼음으로 준비합니다.

잔 바닥에 각얼음 하나, 다음으로 할라페뇨 히비스커스가 들어간 각얼음 하나,

제일 위에 다시 각얼음 하나를 올립니다.

모든 재료를 유리컵에 더블 스트레이닝하기 전에, 자몽 소다 약 60ml를 셰이커에 먼저 부으세요.

◆ 얼음을 얼마나 맵게 했느냐에 따라 칵테일을 오래 두고 마실수록 더 매워집니다.

준비

수제 자몽 소다 화이트 자몽으로 만든 신선한 자몽 주스 700ml를 탄산수 사이폰에 부어

차갑게 만든 후 CO_2 카트리지 2개를 충전해 줍니다.

만약 붉은 자몽을 사용한다면 먼저 맑게 거른 뒤 사용해 주시기 바랍니다.

할라페뇨 히비스커스 얼음 우려낸 히비스커스 티에 할라페뇨 또는 다른 종류의 매운 고추를

인퓨징해 주세요.

물을 걸러낸 후 얼려서 큐브 모양으로 잘라 줍니다.

LOLLIPOP COCKTAIL

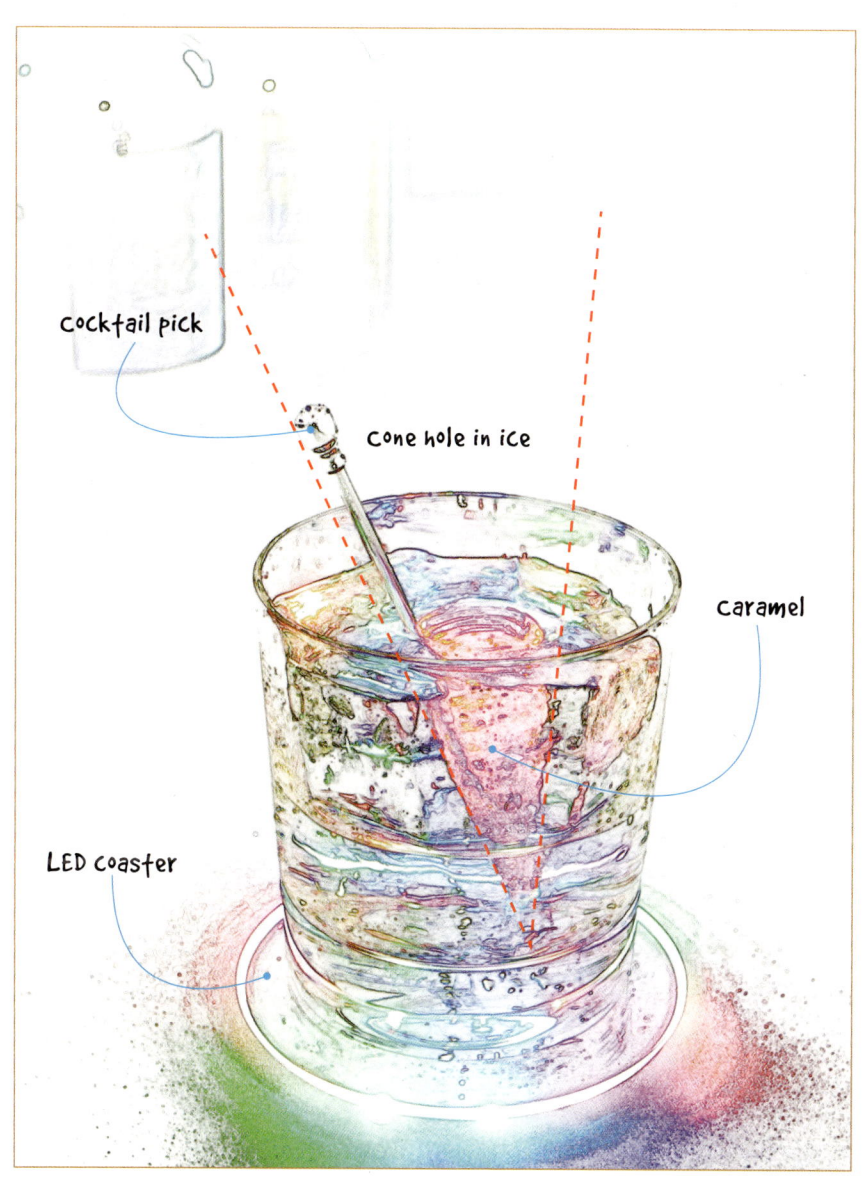

약간 도수가 높은 칵테일로, 기분 좋은 향취가 있습니다.

허브의 달콤한 쓴맛과 담백한 향신료, 유자의 신맛이 균형을 잡아 줍니다.

약간 달콤하지만 마지막으로는 상쾌하면서도 쌉쌀한 끝맛을 느끼실 수 있습니다.

RECIPE

Ingredient

10ml Quinine-flavored aperitif wine

20ml Yuzu sake

10ml Bianco vermouth

10ml Premium aromatic gin

20ml Lillet blanc

7ml Fino sherry

5ml Pure water

glass Whisky

Method

Batch all ingredients, keep in the freezer

Serve

- using drill and a "step drill bit 4-32mm" make a hole in a large ice cube suitable for your whisky glass
- gently pour liquid caramel into the hole so it fills all empty space, and don't forget a cocktail pick, so you will be able to take the lollipop out of the ice when you want to eat it
- once you're done with the caramel, pour the frozen cocktail into the glass
- you may use an LED coaster for fun
- yuzu sake can be bought in a shop
- if you don't want to spend a lot of time on this serving method, it's also possible to have this cocktail just on the rocks, or in a martini glass after you have stirred it (in this case omit water from the recipe)

레시피

재료

10ml 퀴닌 풍미의 아페리티프 와인

20ml 유자 사케

10ml 화이트 베르무트

10ml 프리미엄 아로마틱 진

20ml 릴레 블랑

7ml 피노 셰리

5ml 생수

잔 위스키 잔

테크닉

얼음 없는 빌딩, 칠링

서빙

4~32mm 정도의 스텝 드릴을 사용하여 위스키 잔에 들어갈 만한 큰 얼음에 구멍을 뚫습니다.
구멍에 카라멜을 부드럽게 부어 굳힙니다. 이때 잊지 말고 칵테일 픽을 넣어 원할 때
롤리팝을 꺼내 먹을 수 있게 합니다.
카라멜 작업이 끝나면 잔에 칵테일을 부어 주세요.
LED 받침대를 넣어서 재미를 줄 수도 있습니다.

- 유자 사케는 가게에서 구매할 수 있습니다.
- 만약 서빙에 시간을 보내고 싶지 않다면, 칵테일을 스터링한 후
  온더락 잔이나 마티니 잔에 담는 것도 가능합니다. 그럴 경우에는 생수를 생략합니다.

135

◆ 15 ◆

CAFÉ ROYAL

커피와 블랙커런트 향의 샴페인 베이스 칵테일.

일반 샴페인보다 조금 더 도수가 높습니다.

첫맛은 약간 달콤하고, 끝맛은 매우 새콤달콤합니다.

샴페인 거품은 향긋한 커피와 톡 쏘는 블랙 커런트를 완벽하게 조화시킵니다.

이 칵테일은 푸른 사과의 뒷맛과 희미한 나무 맛, 쓴맛,

다크초콜릿 맛을 포함하고 있습니다.

RECIPE

Ingredient

125ml Fresh champagne

15ml Creme de cassis liquor infused with coffee beans

glass Champagne covered with green isomalt

Method

Build

Serve

- pour all ingredients into the glass, mix lightly with the bar spoon.

  it's very important that cassis and champagne have to be chilled well

- you also may do this recipe without isomalt, however if you use it, isomalt gives

  soft silky texture when your lips touch the glass

Preparation

Champagne covered with green isomalt put the whole pot of isomalt in a heavy-bottomed pan and let it melt.
Preparation the isomalt as indicated on the packaging and color it green with a drop of orange colour gel.
Using a tablespoon, apply isomalt to the glass

Creme de cassis liquor infused with coffee beans mix together 3 parts of cassis liquor and 1 part of coffee beans, let the mixture infuse for 48 hours at room temperature in dark place (every 12 hours quickly mix the mixture with spoon), double strain and keep liquid chilled. |
Try to dry coffee beans and do coffee with them

레시피

재료

- **125ml** 신선한 샴페인
- **15ml** 커피콩을 인퓨징한 크렘 드 카시스
- **가니시** 이소말트 코튼
- **잔** 녹색 이소말트로 장식한 샴페인잔

테크닉

빌드

서빙

모든 재료를 잔에 붓고, 바 스푼으로 가볍게 섞어 주세요.

카시스와 샴페인은 칠링해 둬야 합니다.

◆ 이소말트 없이 만들 수도 있지만, 이소말트를 사용한다면 입술이 유리에 닿았을 때 부드러운 실크 질감을 줍니다.

준비

녹색 이소말트로 장식된 샴페인 잔 바닥이 두꺼운 팬에 이소말트를 녹입니다.

녹은 이소말트에 식용색소로 색을 더하고, 스푼을 사용해 이소말트를 가늘게 흘려 가며 잔에 발라 굳힙니다.

커피콩을 인퓨징한 크렘 드 카시스 카시스 리큐어와 커피콩을 3:1비율로 섞어서 어두운 실온에서 48시간 동안 인퓨징합니다 (12시간마다 스푼을 이용해 빠르게 저어서 섞어 줍니다), 더블스트레인 후 차게 보관합니다.

커피콩은 말려서 커피로 만들어 보세요.

SMOOTHIE PARADISE
(non-alcoholic cocktail)

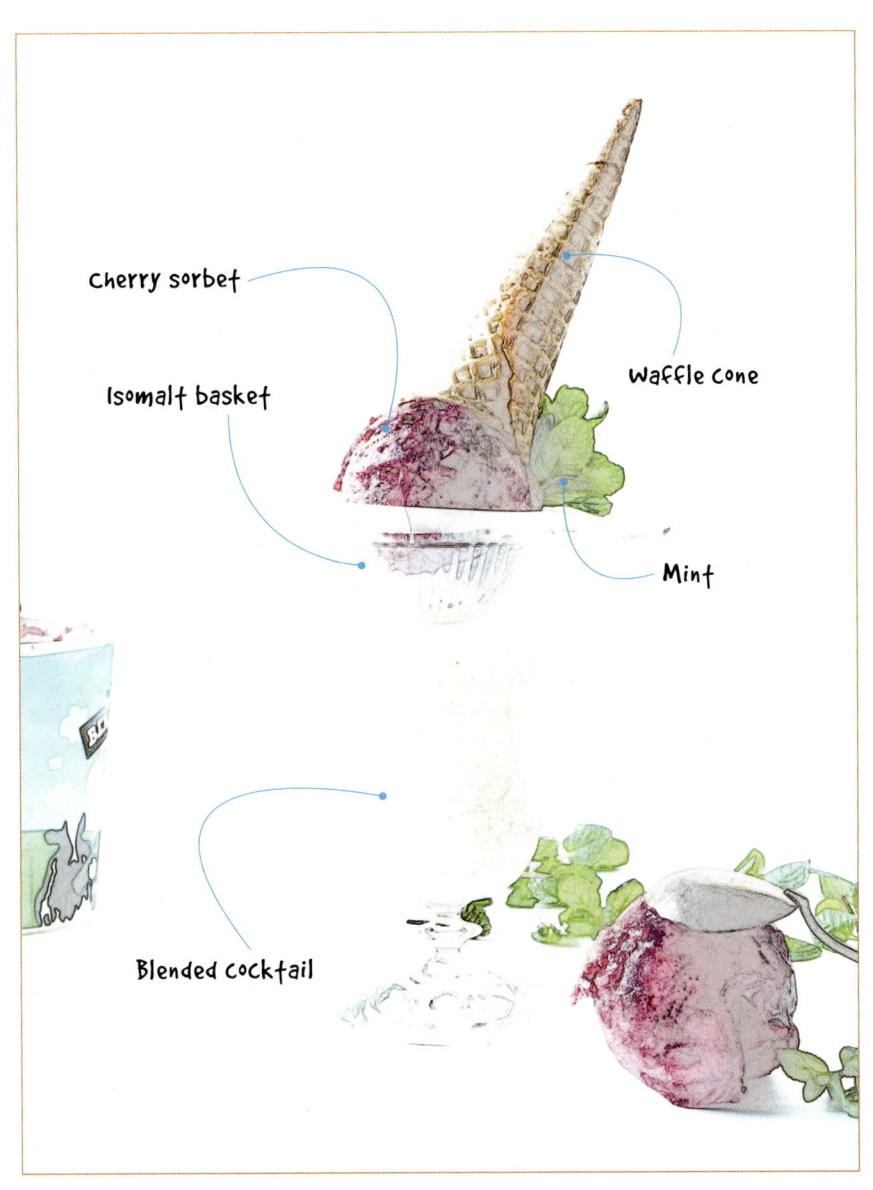

다양한 맛이 혼합된 진한 무알콜 밀크 셰이크입니다.
어떤 아이스크림을 쓰느냐에 따라 맛이 달라지니
창의적이고 예상치 못한 맛도 시도해 보세요!

RECIPE

Ingredient

1 big ice cream scoop of Lemonade or lime-lemon sorbet

10ml Simple syrup

1 pc Fresh banana

1 big ice cream scoop of Any Ice cream you like (vanilla, caramel flavored etc)

1 ring of Fresh pineapple

Small quantity (about 100 grams) of Crushed ice

glass Highball or any other type of long glass

Method

Blend

Serve

- strain blended cocktail into the glass
- put on top of the glass a pre-Preparationd isomalt basket, cherry sorbet ball, waffle cone and mint
- use straw to drink
- when the isomalt basket is done, make a hole in it using, for example, a hot metal straw
- serve spoon on the side to eat ice cream ball

Preparation

Isomalt basket put the whole pot of isomalt in a heavy-bottomed pan and let it melt.

Preparation the isomalt as indicated on the packaging.

When isomalt not very hot but still liquid, use a silicone mould to make the basket

레시피

재료

1 big ice cream scoop of 레모네이드 또는 라임 레몬 소르베

10ml 심플 시럽

1 pc 신선한 바나나

1 big ice cream scoop of 좋아하는 취향의 아무 아이스크림 (바닐라, 카라멜 맛 등)

1 ring of 생 파인애플

약간의(약 100g) 크러시드 아이스

가니시 민트 잎, 와플 콘

잔 하이볼 잔 또는 롱 드링크 잔

테크닉

블렌딩

서빙

칵테일을 블렌드해 잔에 스트레이닝합니다.

미리 준비한 유리잔 위에 이소말트 바구니, 체리 아이스크림 볼, 와플 콘, 민트 등을 올려놓습니다.

빨대를 사용해 마십니다.

- ◆ 이소말트 바구니가 완성되면 뜨거운 금속 빨대 등을 사용해 구멍을 만들어 주세요.
- ◆ 아이스크림을 먹을 수 있도록 스푼을 제공해 주세요.

준비

이소말트 바구니 바닥이 두꺼운 팬에 이소말트를 통째로 넣고 녹입니다.

패키지에 적힌 대로 이소말트를 준비해 주세요.

이소말트가 너무 뜨겁지는 않지만 액체 상태를 유지할 때

실리콘을 이용해 바구니를 만들어 줍니다.

MARGARITA-nim

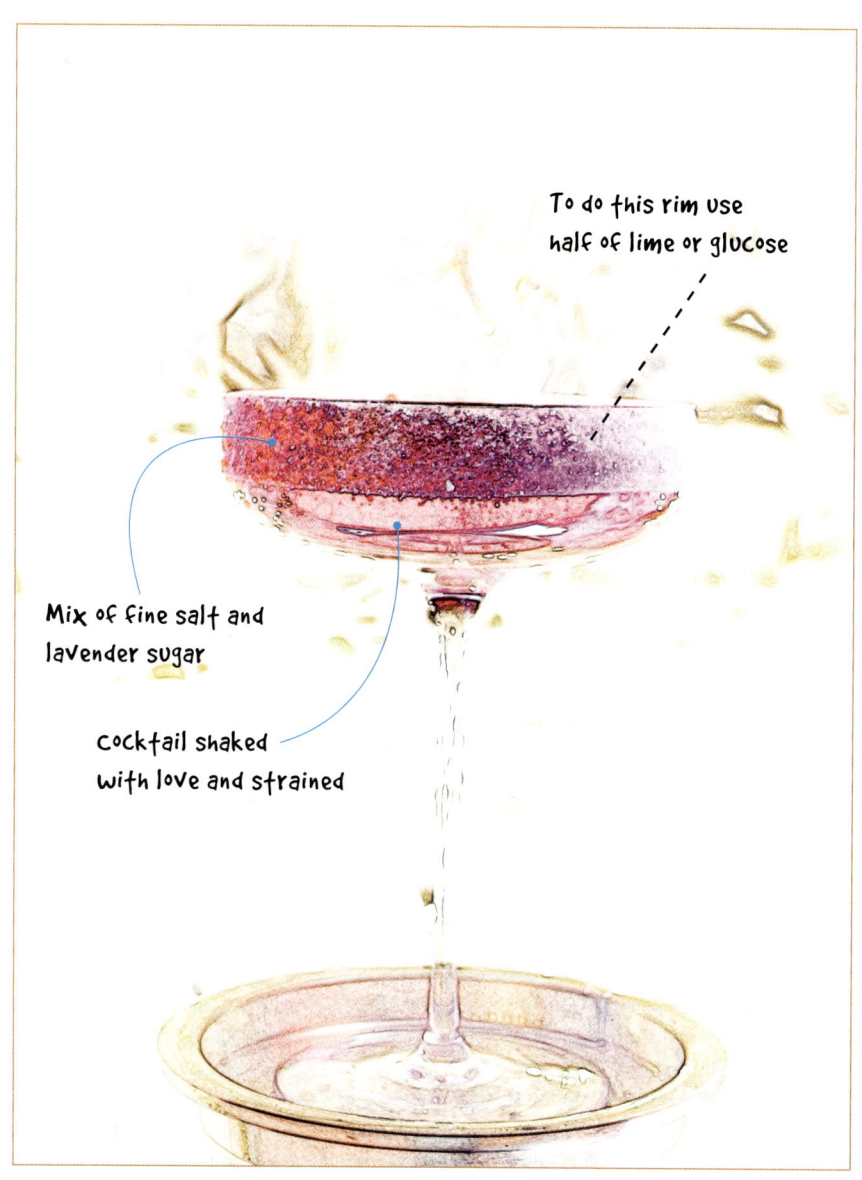

새콤한 베리향의 우아하고 상쾌한 식전주입니다.

밝은 오렌지와 라임, 곡물과 야채의 향취가 어우러져 살짝 톡 쏘는 느낌을 줍니다.

끝맛으로는 마끼아또와 바닐라 오크의 맛이 톡 터집니다.

RECIPE

Ingredient

20ml Melted mix berries sorbet

40ml Tequila 100% agave

20ml Orange liquor/Triple sec

20ml Fresh lime juice

glass Coupe or margarita

Method

Shake, double strain

Serve

- before you want to make cocktail, mix together in equal proportions fine salt and lavender sugar, use this mix to make rim with it on the glass
- double strain cocktail into the glass

레시피

재료

- **20ml** 녹인 혼합 베리 소르베
- **40ml** 100% 아가베 테킬라
- **20ml** 오렌지 리큐어/트리플 섹
- **20ml** 신선한 라임 주스
- **가니시** 소금, 설탕
- **잔** 쿠페 잔 또는 마가리타 잔

테크닉

셰이킹, 더블 스트레이닝

서빙

칵테일을 만들기 전에, 고운 소금과 설탕을 같은 비율로 섞어 유리잔에 림을 만듭니다.
잔에 칵테일을 더블 스트레인해 줍니다.

SUMMER VIBES

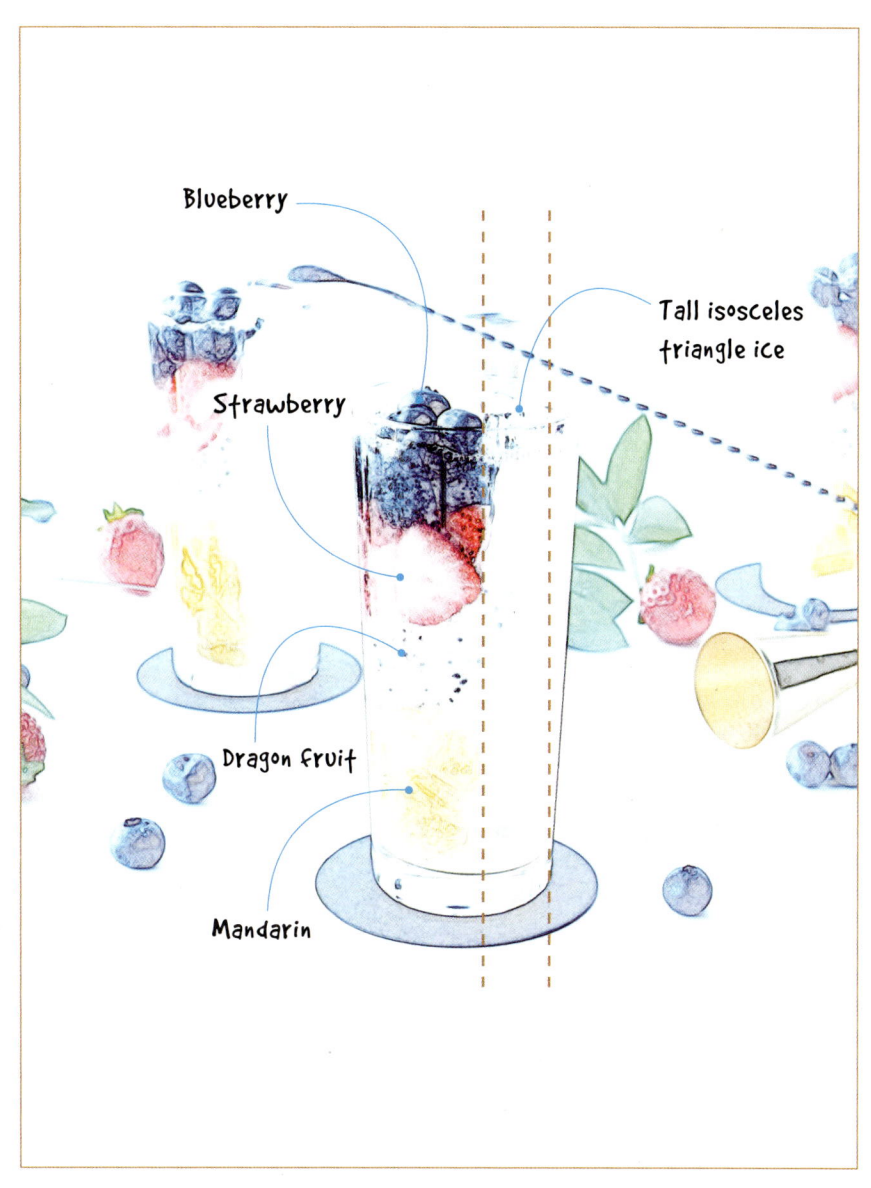

차조기 잎, 타라곤, 시나몬, 페퍼민트 향이 섬세하게 어우러져
부드럽고 미묘한 향을 지니는 칵테일입니다.
첫맛은 강한 청포도향과 구운 빵의 향, 그리고 잘 익은 붉은 사과맛이며,
레몬필의 산미와 부드러운 꿀, 뿌리 향이 느껴지며
젠티안(용담과 식물)향으로 끝납니다.

RECIPE

Ingredient

3-4 pcl Shiso leaves – muddle

1.5ml Elderflower syrup

40ml Grain moonshine or unaged brandy/grappa

10ml Fresh lemon juice

5ml Simple syrup

2.5ml Yellow chartreuse

2 dash Peychaud bitters

Top up with nice tonic water

glass Highball

Method

Quick shake, double strain

Serve

- using a sharp ice knife, cut a tall rectangular block of ice so that it becomes a tall isosceles triangle
- diced mandarin, strawberry & dragon fruit
- place diced fruits and blueberries into the glass
- shake ingredients for 5 seconds, add about 60-70ml tonic water in the shaker, then double strain all liquid into the glass
  - elderflower syrup can be bought in a shop
  - western style dry gin/ Mediterranean gin can also be used instead of moonshine or brandy

레시피

재료

3-4 pc 찢은 차조기 잎

1.5ml 엘더플라워 시럽

40ml 곡물로 만든 문샤인 또는 숙성되지 않은 브랜디나 그라파

10ml 생 레몬 주스

5ml 심플 시럽

2.5ml 옐로 샤르트뢰즈

2 dash 페이쇼드 비터스

토닉워터

가니시 귤, 용과, 딸기, 블루베리

잔 하이볼 잔

테크닉

퀵 셰이킹, 더블 스트레이닝

서빙

날카로운 얼음칼을 사용하여 높은 직사각형 얼음 덩어리가 높은 이등변삼각형이 되도록 깎습니다.

귤, 딸기, 용과를 네모나게 자릅니다.

블루베리와 자른 과일을 잔 안에 넣습니다,

5초간 재료를 셰이킹한 뒤 약 60~70ml의 토닉워터를 셰이커에 넣고 더블스트레인해서 잔에 넣어 주세요.

- ◆ 엘더플라워 시럽은 상점에서 구할 수 있습니다.
- ◆ 드라이 진이나 지중해산 진 역시 문샤인이나 브랜디 대신 사용할 수 습니다.

159

RHUMBARISTA

부드러운 황설탕의 달콤함과 담담한 카카오 특유의 끝맛이

달콤하게 어우러진 커피 칵테일입니다.

RECIPE

Ingredient

40ml Butterscotch rum mix passed through the grinded coffee beans

40ml Butterscotch rum mix

glass Coupe

Method

Put butterscotch rum mix into water container of automatic coffee machine (for example: Nespresso machine), insert into machine coffee capsule you like, press "start" button.

The mix will pass through coffee and as a result you will have coffee infused

alcohol mixture with no water

Shake together both elements mentioned in the recipe, double strain

Serve

- put on top of strained cocktail cacao powder.
- before drink this cocktail, think about tiramisu dessert

Preparation

Butterscotch rum see how to Preparation it in Parfait Amour cocktail perps section

Butterscotch rum mix for every 50ml of butterscotch rum use 12,5 ml coffee liqueur.

Mix well together and bottle. Shake before use

레시피

재료

40ml 간 커피가루에 내린 버터스카치 럼
40ml 버터스카치 럼 믹스
가니시 카카오 파우더
잔 쿠페 잔

테크닉

하드 셰이킹, 더블 스트레이닝

서빙

버터스카치 럼 믹스를 캡슐형 커피 머신(예: 네스프레소)의 물통에 넣은 뒤,
취향에 맞는 커피 캡슐을 넣고 커피를 추출합니다.
그러면 버터스카치 럼 믹스로 추출한 커피를 얻을 수 있습니다.
버터스카치 럼 믹스와 커피에 내린 버터스카치 럼 믹스를 거품이 일 정도로 셰이킹한 후
더블 스트레이닝합니다.
스트레인한 칵테일 위에 카카오 파우더를 뿌려 마무리합니다.
◆ 이 칵테일은 티라미수 디저트를 연상케 합니다.

준비

버터스카치 럼 파르페 아모르 레시피에서 확인할 수 있습니다.
버터 스카치 럼 믹스 버터스카치 럼 50ml당 12.5ml의 커피 리큐어를 넣습니다.
둘을 잘 셰이킹한 뒤 밀봉해 보관합니다.
사용하기 전에 다시 셰이킹합니다.

QUEENS' DAYS

신선한 허브와 아니스 맛이 느껴지는 칵테일입니다.
균형 잡힌 산미를 지니고 있으며, 마실 때 안젤리카(당귀), 소나무,
박하의 향취를 즐길 수 있습니다.

RECIPE

Ingredient

10 pc Fresh coriander leaves - muddle

3-4 pc Fresh perilla leaves - muddle

20ml Orange liqueur 40%abv

15ml Green chartreuse

25ml Fresh lemon juice

10ml Soju 40-45%abv

Top up with sparkling wine

glass Julep cup

Method

Shake, double strain

Serve

- after cocktail is shaken add about 30ml of sparkling wine into it, and then double strain everything into the cup, use crushed ice for this drink
- garnish with fresh sesame leaves, swizzle stick and straw
- If the cocktail is too sour, you can add 10ml of simple syrup
- don't use the fresh coriander leaves if you don't like them
- you need to keep the julep cup in crushed ice if you want it to be covered with ice like it shown on the photo

레시피

재료

10 pc 찢은 신선한 고수 잎

3-4 pc 찢은 신선한 깻잎

20ml 40도 이상의 오렌지 리큐어

15ml 그린 샤르트뢰즈

25ml 생 레몬 주스

10ml 40~45도 가량의 도수 높은 소주

스파클링 와인

가니시 깻잎

잔 줄렙 잔

테크닉

셰이킹, 더블 스트레이닝

서빙

크러시드 아이스를 줄렙 잔에 가득 채웁니다.

칵테일을 셰이킹한 후 30ml의 스파클링 와인을 더한 다음 더블 스트레인해서 잔에 부어 주세요. 남은 스파클링 와인으로 잔을 채웁니다.

스위즐 스틱, 빨대, 그리고 생 깻잎으로 장식해 주세요.

- 만약 칵테일이 너무 시게 느껴진다면 10ml의 심플 시럽을 넣어 주세요.
- 고수가 싫다면 사용하지 않아도 무방합니다.
- 만약 사진처럼 얼음으로 줄렙 잔을 덮으려면 크러시드 아이스 속에 줄렙 잔을 보관해 둬야 합니다.

HEARTS

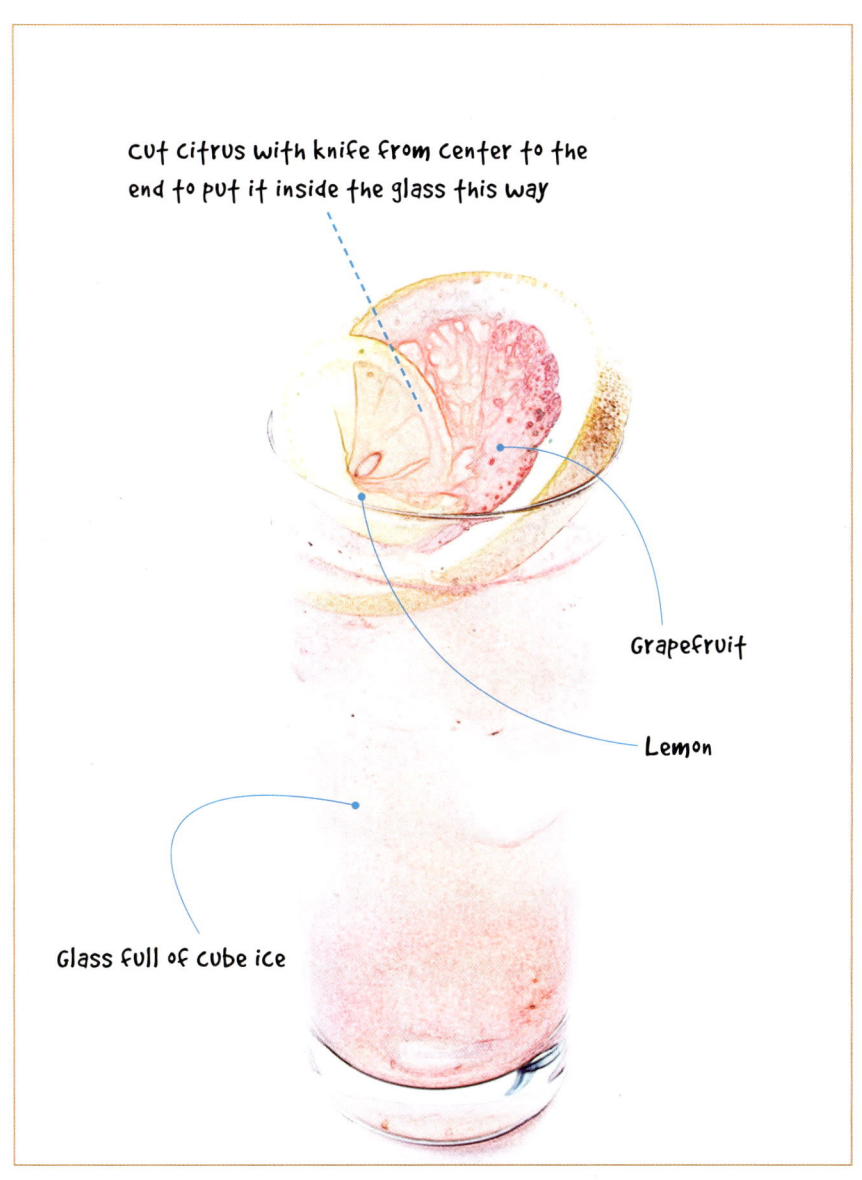

중간 도수의 피즈 계열 칵테일.

새콤달콤한 과일과 청포도 맛을 느낄 수 있습니다.

RECIPE

Ingredient

20ml Raspberry purée

50ml White rum

25ml Lime juice

20ml Sugar syrup

Top up with sparkling wine

glass Highball

Method

Shake and strain, top up with sparkling wine and gently mix liquid

Serve

- grapefruit and lemon wheels

Preparation

Raspberry purée 1 part frozen raspberries blend with 1 part white sugar. Add little water if necessary to help blender to mix. Keep chilled.

레시피

재료

20ml 라즈베리 퓌레

50ml 화이트 럼

25ml 라임 주스

20ml 설탕 시럽

스파클링 와인

가니시 레몬 슬라이스, 자몽 슬라이스, 마카롱

잔 하이볼 잔

테크닉

셰이킹, 스트레이닝

서빙

셰이킹한 칵테일을 잔에 부은 후 스파클링 와인으로 채우고 부드럽게 섞어 줍니다.

자몽과 레몬 슬라이스, 마카롱으로 장식합니다.

◆ 라즈베리 퓌레: 냉동 라즈베리와 설탕을 1:1 비율로 준비합니다.

필요에 따라 약간의 물을 넣고 블렌더로 갈아 주세요. 차갑게 유지해 두었다 서빙합니다.

SIPPING THE SPRING

매우 산뜻하며 섬세한 칵테일입니다.

잔에 담긴 카모마일과 배향, 기포가 마치 정원의 생생한 꽃들을 마주한 느낌을 주며,

메이플, 레몬파이를 떠올리게 합니다.

RECIPE

Ingredient

70ml Champagne or good sparkling wine

60ml Pear mix

10-15ml Camomile syrup

5ml Nonino williams

glass Long drink

Method

Quick stir

Serve

- before make drink pour hot isomalt into the glass and let it get solid.

  keep the glass into the freezer
- before pour cocktail into the glass, make a hole in the center of isomalt and

  immediately put inside the hole rosemary spring and sage spring
- strain cocktail inside the glass
- i highly recommend to use fresh pear juice for pear mix
- amount of syrup depends on pear sweetness
- skip nonino williams if you don't have it, or you want drink to be lighter

Preparation

Pear mix for every 500ml of fresh pear juice add 100ml fresh lemon juice. If you can, clarify mix before use

Camomile syrup brew good quality aromatic camomile tea and mix it in proportions 1:1 with white sugar, until sugar dissolves

레시피

재료

70ml 샴페인 또는 질 좋은 스파클링 와인

60ml 배 믹스

10-15ml 카모마일 시럽

5ml 노니노 윌리엄스

가니시 로즈마리, 세이지

잔 롱 드링크 잔

테크닉

퀵 스터링, 스트레이닝

서빙

음료를 만들기 전에 뜨거운 이소말트를 유리컵에 붓고 응고시킨 뒤 냉동실에 보관합니다.

칵테일을 잔에 따르기 전에 달군 송곳으로 이소말트 가운데에 구멍을 내고

즉시 로즈마리 새싹과 세이지 새싹을 꽂습니다.

칵테일을 스트레인해서 잔에 담습니다.

- ◆ 배 믹스를 위해 신선한 배 주스를 사용하는 것을 강력히 추천합니다
- ◆ 시럽의 양은 배의 단맛에 달려 있습니다.
- ◆ 노니노 윌리엄스를 구하기 어렵거나 더 가볍게 마시기를 원한다면 생략하셔도 됩니다.

준비

배 믹스 신선한 배 주스 500ml당 신선한 레몬 주스 100ml를 더합니다.
가능하면 사용 전에 걸러 주세요.

카모마일 시럽 카모마일 차를 끓인 뒤 설탕이 녹을 때까지 백설탕과 1:1 비율로 섞습니다.

AVIATOR

도수가 높고 다양한 맛이 나는 칵테일입니다.

옅은 쓴맛으로 시작해서 사과 체리의 끝맛을 선사합니다.

RECIPE

Ingredient

25ml Rum & Cherry infusion

15ml Mezcal

10ml White rum

20ml Calvados VS

5ml Sweet vermouth

2.5ml Sloe gin

glass Rocks

Method

Stir, strain

Serve

- strain cocktail over big ice cube and put on top printed out on edible printer picture covered both sides with isomalt
- you can print out regular picture, and attach it with clip to the rim of the glass

Preparation

Rum & cherry infusion remove seeds from cherries and macerate them minimum for 1 week in next mixture: 100ml any rum you like, 350ml cherry liquor, 50ml maraschino liquor, 50ml bourbon

레시피

재료

25ml 럼 & 체리 인퓨전

15ml 메즈칼

10ml 화이트 럼

20ml 칼바도스 VS

5ml 스위트 베르무트

2.5ml 슬로 진

가니시 비행기가 그려진 아이싱 시트

잔 온더락 잔

테크닉

스터링, 스트레이닝

서빙

칵테일을 큰 얼음 큐브에 스트레인해서 부은 후

그 위에 이소말트로 코팅한 비행기 그림 아이싱 시트를 올려 장식합니다.

◆ 평범한 사진을 잔의 테두리에 클립으로 고정하셔도 됩니다.

준비

럼&체리 인퓨전 체리에서 씨를 제거한 후 다음 혼합물에서 최소 일주일 동안 숙성시킵니다.

취향에 맞는 럼 100ml, 체리 리큐르 350ml, 마라스키노 50ml, 버번 50ml

CASTRO MOJITO

오리지널 모히토와 마찬가지로 상큼한 민트향과 새콤달콤한 느낌을 선사하지만, 쓴맛과 보리 맥아가 포함되어 다양한 감회가 들게 합니다.

RECIPE

Ingredient

10-12 ea Fresh mint leaves - muddle lightly

50ml White rum

25ml Lime juice

20ml IPA syrup

2 dashes Angostura bitters

Top up with soda water

glass Highball

Method

Swizzle

Serve

- garnish drink with fresh mint, lime wheel and Fidel Castro picture
- use straw to drink it

Preparation

IPA syrup 1 part IPA beer and 1 part brown sugar. Mix all in the blender until sugar dissolves. Bottle. Keep in the fridge.

레시피

재료

10-12 ea 살짝 찢은 생 민트 잎

50ml 화이트 럼

25ml 라임 주스

20ml IPA 시럽

2 dashes 앙고스투라 비터스

탄산수

가니시 라임 슬라이스, 민트, 피델 카스트로 그림

잔 하이볼 잔

테크닉

스위즐

서빙

하이볼 잔에 살짝 찢은 민트 잎을 넣습니다.

잔에 라임 주스, IPA 시럽, 탄산수를 약간 부은 뒤 섞습니다.

각얼음을 넣은 뒤 럼을 붓고 탄산수로 잔을 채운 뒤 잘 저어 섞습니다.

가니시로 신선한 민트, 라임 휠, 피델 카스트로 그림을 곁들입니다.

빨대를 이용해 마십니다.

준비

IPA syrup IPA 맥주와 황설탕을 1:1 비율로 준비한 뒤 블렌더로 갈아서 설탕을 녹인 후 병에 담아서 냉장 보관합니다.

SKY SANGRIA

신선한 과일과 허브향을 편안하게 즐길 수 있는
한여름에 적당한 와인으로 탄생했습니다.
가벼운 타르트 맛과 풍부한 귤, 오렌지, 레몬, 라임, 자몽 등이 적절히 섞여,
입 안에 상쾌한 맛이 오래 남아 있습니다.

RECIPE

Ingredient

350ml Dry red wine

70ml Fresh orange juice

70ml Sweet vermouth

55ml Lemongrass syrup

70ml Lemon juice

glass 1L jar and wine glass

Method

Build and swizzle

Serve

- pour all ingredients into jar, mix everything with a spoon
- add lemongrass sticks, orange, strawberries, apple cubes
- put ice, mix all and finish with the mint
- cover with strainer to pour into glass

Preparation

Lemongrass syrup blend 1 L rich sugar syrup with 5 lemongrass sticks, infuse for 1 hour, double strain and keep chilled

레시피

재료

350ml 드라이 레드 와인

70ml 신선한 오렌지 주스

70ml 스위트 베르무트

55ml 레몬그라스 시럽

70ml 레몬 주스

가니시 레몬그라스, 오렌지, 딸기, 사과, 민트

잔 와인잔과 1리터 병

테크닉

빌드, 스위즐

서빙

모든 재료를 병에 붓고 스푼으로 섞습니다.

레몬그라스 스틱, 오렌지, 딸기, 사과 큐브를 넣습니다.

얼음을 넣고 모두 섞은 다음, 민트로 마무리합니다.

잔에 따르기 위한 스트레이너로 덮어 둡니다.

준비

레몬그라스 시럽 1리터의 진한 설탕 시럽에 레몬그라스 스틱 5개를 넣고 1시간 동안 인퓨징한 뒤 더블스트레인하고 차갑게 유지합니다.

MS. FROST

새콤달콤한 첫맛의 풍미가 강한 칵테일입니다.

향긋한 향신료와 베리류, 기분 좋은 풀 향기와 귤, 오렌지, 자몽 등의

과일맛으로 마무리됩니다.

RECIPE

Ingredient

- **4-6 pc** Blueberry- muddle
- **2-3 pc** Strawberry - muddle
- **55ml** Dry gin
- **25ml** Lemon juice
- **20ml** Lemongrass syrup
- **glass** Clay mug or highball

Method

Shake, double strain

Serve

- double strain over cube ice and top up with crushed ice
- make ice shell with lemon squeezer and put in it strawberry and blueberry, garnish on the side with any herb you like
- serve with rye straws and use cocktail pick to eat berries
- I don't recommend to use "London Dry Gin", just choose for this drink any soft and aromatic dry gin, without strong juniper taste

Preparation

Lemongrass syrup blend 1 L rich sugar syrup with 5 lemongrass sticks, infuse for 1 hour, double strain and keep chilled

레시피

재료

4-6 pc 찧은 블루베리

2-3 pc 찧은 딸기

55ml 드라이 진

25ml 레몬 주스

20ml 레몬그라스 시럽

가니시 딸기, 블루베리, 허브

잔 자기 머그컵 또는 하이볼 잔

테크닉

셰이킹, 더블 스트레이닝

서빙

각얼음 위에 더블 스트레이닝한 뒤 크러시드 아이스를 얹습니다.

레몬 스퀴저로 크러시드 아이스를 눌러 그릇처럼 만든 뒤 딸기와 블루베리를 넣고,

좋아하는 허브를 장식으로 얹습니다.

호밀 빨대를 제공하고, 딸기에는 칵테일 픽을 꽂아 줍니다.

◆ 이 칵테일에는 런던 드라이 진은 추천하지 않습니다.
주니퍼 향이 약한 부드러운 드라이 진을 사용하세요.

준비

레몬그라스 시럽 1리터의 진한 설탕 시럽에 레몬그라스 스틱 5개를 넣고 1시간 동안 인퓨징한 후 더블 스트레이닝한 다음 차갑게 보관합니다.

CRACKED DAIQUIRI

오리엔탈 스타일 다이키리 칵테일 트위스트.

다양한 산미와 함께 가벼운 단맛이 어우러집니다.

향긋한 시트러스 향과 상큼한 레몬 향이 느껴집니다.

RECIPE

Ingredient

60ml White rum infused with lime leaves

25ml Lime juice

10ml Yuzu sake

10ml Sugar syrup

2-3 dashes Angostura bitters

glass "Cracked" coupe

Method

Shake, double strain

Serve

- no special recommendations

Preparation

"Cracked" coupe melt down isomalt and pour some amount into a coupe glass. Spread the isomalt along the sides of the glass and pour out leftover. Wait for a minute to cool down hot isomalt inside the glass a bit. Fill the coupe with crushed ice. Isomalt will crack and imitate cracked glass

Rum with lime leaves for a bottle of rum (750ml) use about 6 kaffir lime leaves, let the ingredients sit for 3-4 days in a cool, dark place. Strain after and use. The amount of leaves used depends on how strong you want the kaffir flavor to be.

레시피

재료

- 60ml 라임 잎을 인퓨징한 화이트 럼
- 25ml 라임 주스
- 10ml 유자 사케
- 10ml 설탕 시럽
- 2-3 dashes 앙고스투라 비터스
- 잔 "금 간" 쿠페

테크닉

셰이킹, 더블 스트레이닝

서빙

모든 재료를 셰이커에 넣어 흔든 뒤, 준비한 "금 간" 쿠페잔에 더블 스트레이닝합니다.

준비

"금 간" 쿠페 이소말트를 녹이고 쿠페 잔에 살짝 붓습니다.

잔을 이리저리 기울여 안쪽 옆면을 따라 이소말트를 골고루 펴 바른 뒤,

남은 양은 버립니다.

이소말트가 살짝 식도록 잠시 기다렸다가 잔에 크러시드 아이스를 채웁니다.

이렇게 하면 측면에 코팅된 이소말트에 금이 가서

마치 잔에 금이 간 것처럼 보입니다.

라임 잎을 인퓨징한 화이트 럼 럼 한 병에 약 6개의 카피르 라임 잎을 넣은 다음

재료를 시원하고 어두운 곳에 사나흘 놓아두었다 걸러서 사용합니다.

사용하는 잎의 양은 얼마나 강한 카피르 맛을 원하느냐에 따라 다릅니다.

SAVORY GIMLET

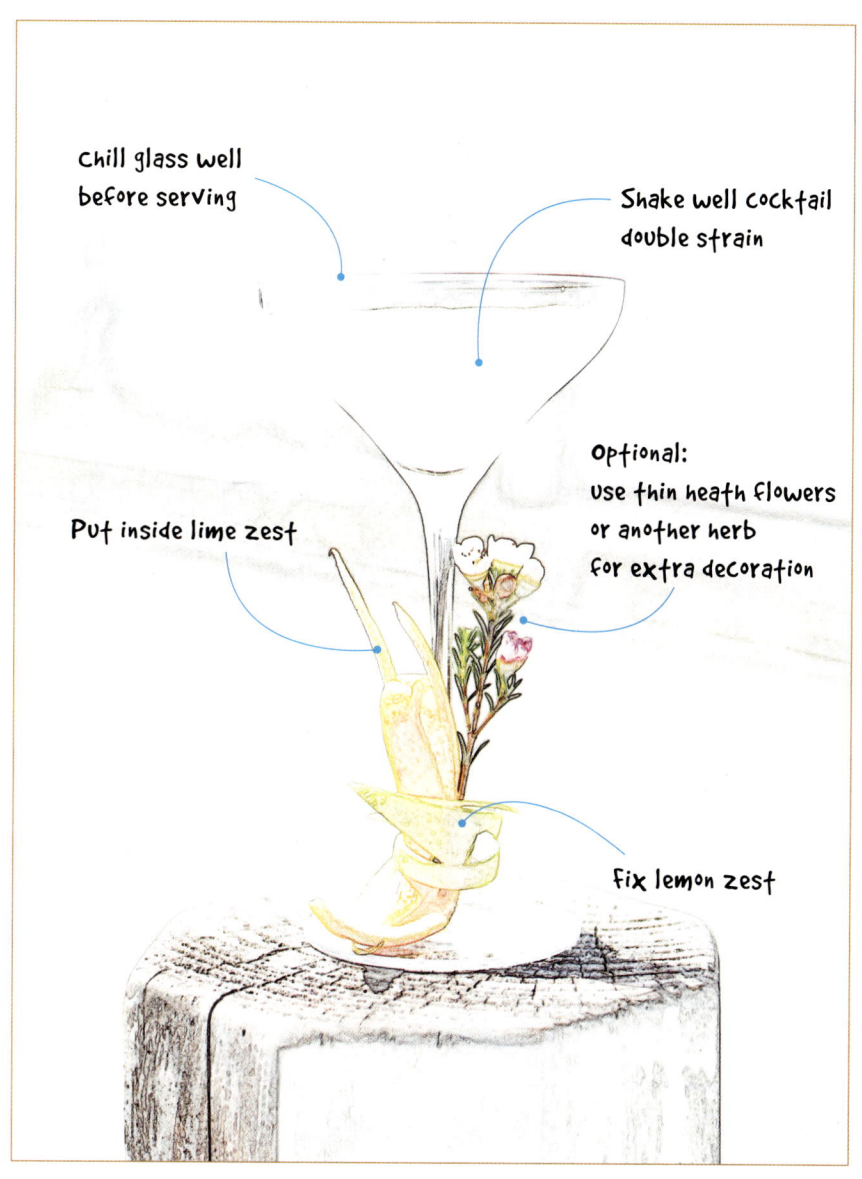

깔끔하고 상큼한 산미의 칵테일로,

가벼우면서도 스파이시한 고추맛과 아니스, 과일향이 어우러집니다.

RECIPE

Ingredient

60ml Gin infused with chili pepper

15ml Lime juice

5ml Pineapple vanilla syrup

5ml Italian rosolio di bergamotto

2 dashes of Absinthe

glass Coupe

Method

Shake, double strain

Serve

- garnish it with any citrus zest you like

Preparation

Pineapple vanilla syrup infuse for 24 hours 500ml of rich sugar syrup with half a fresh pineapple (peel it, cut into small pieces) and 2 vanilla beans, cut lengthwise. Double strain, keep chilled

Gin infused with chili pepper for a bottle of gin use 2 fresh chili peppers. Cut pepper, remove seeds and put into gin. Mix with spoon every 30minutes and try a bit all the time. Once it reached good spiciness for you, double strain chili pepper

레시피

재료

60ml 고추를 인퓨징한 진

15ml 라임 주스

5ml 파인애플 바닐라 시럽

5ml 이탈리쿠스 로솔리오 디 베르가모토

2 dashes of 압생트

가니시 시트러스 제스트

잔 쿠페 잔

테크닉

셰이킹, 더블 스트레이닝

서빙

모든 재료를 셰이커에 넣어 흔든 뒤, 쿠페 잔에 더블 스트레이닝합니다.
잔의 스템을 좋아하는 시트러스 제스트로 장식하세요.

준비

파인애플 바닐라 시럽 신선한 파인애플 반 개를 잘게 썰어 세로로 가른 바닐라 빈 2개를
진한 설탕 시럽 500ml에 24시간 동안 인퓨징한 후
더블 스트레인해서 냉장 보관합니다.

고추를 인퓨징한 진 진 한 병에 신선한 고추 2개를 사용하세요. 고추를 자르고 씨를 제거한 후
진에 넣습니다. 30분마다 숟가락으로 섞고 조금씩 맛을 봅니다.
선호하는 수준의 매운맛이 날 때 더블 스트레이닝합니다.

219

29

TRIANGLE CRUSHER

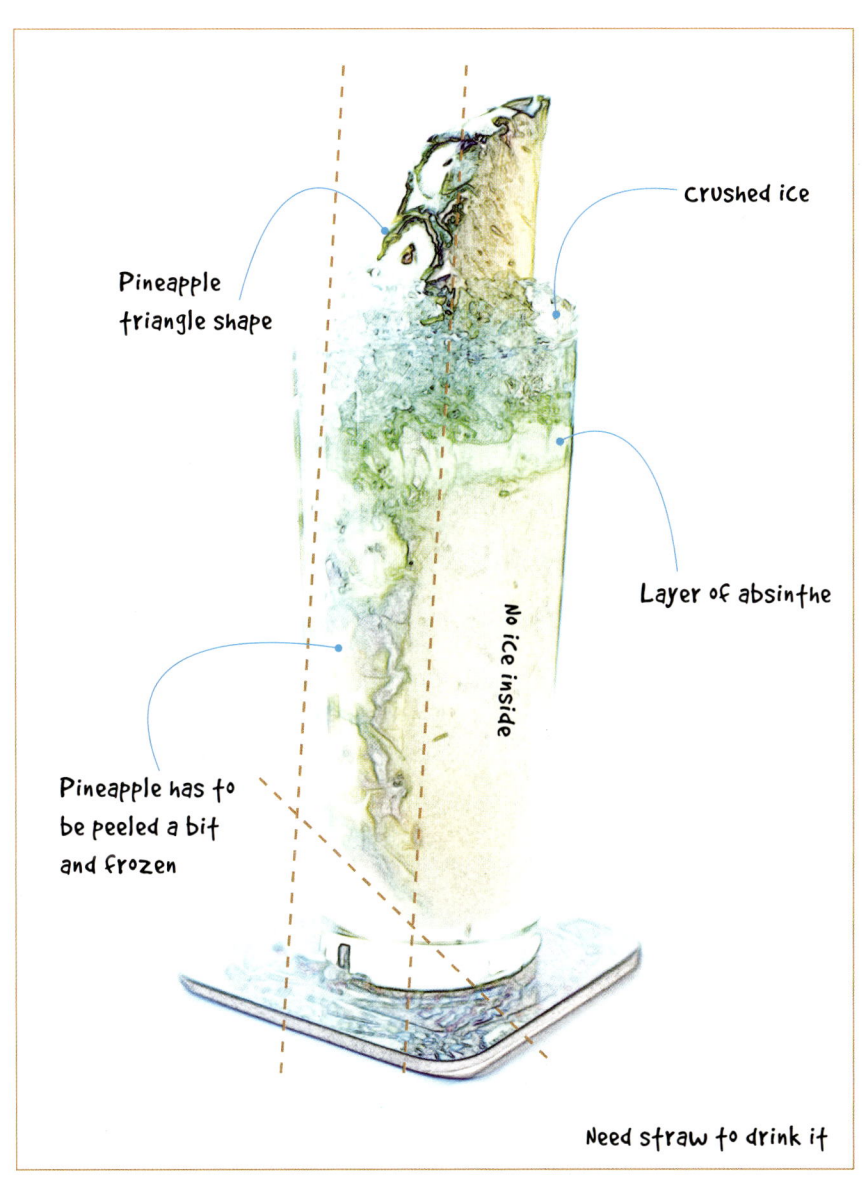

중간 정도의 산미와 탄산감이 느껴지는 롱 드링크입니다.
동양적인 향이 가득하고, 선뜻 떠오르는 레몬의 풍미와 따뜻한 뒷맛은
기분 좋은 경험을 선사할 것입니다.

RECIPE

Ingredient

50ml London dry gin

25ml Lemon juice

15ml Sugar syrup

Top up with cumin soda water

10-15ml Absinthe - layer as a final touch

glass Highball

Method

Shake

Serve

- cut pineapple on long triangle pieces. Freeze it, it will substitute ice in the drink
- once cocktail is ready pour it over the pineapple, add cumin soda water, top up with some crushed ice and pour a layer of absinthe
- serve with straw

Preparation

Cumin soda water 900ml of drinking water mix with 2 table spoons cumin seeds.

Let infuse for 1 hour. Strain water and pour into 1L volume soda syphon.

Charge 1 CO_2 charger, shake 30 sec and chill down for 1 hour.

After 1 hour charge one more CO_2 charger and shake again.

Keep chilled

레시피

재료

50ml 런던 드라이 진

25ml 레몬 주스

15ml 설탕 시럽

쿠민 탄산수

10-15ml 압생트 - 마무리 레이어로 사용

가니시 세모꼴로 썬 파인애플

잔 하이볼 잔

테크닉

셰이킹

서빙

파인애플을 긴 삼각형 모양으로 자른 다음 얼려서 얼음을 대신해 사용합니다.

칵테일이 준비되면 파인애플 위에 붓고 쿠민 탄산수로 채운 다음

크러시드 아이스로 덮은 뒤 압생트 레이어를 올립니다.

빨대와 같이 제공하세요.

준비

쿠민 탄산수 900ml의 생수에 쿠민 씨앗 2TS를 넣어 1시간 동안 인퓨징합니다.

물을 걸러서 1L 용량의 탄산수 사이폰에 부으세요.

1개의 이산화탄소 충전기를 장전하고 30초간 흔든 후 1시간 동안 냉각합니다.

1시간 후에 CO_2 카트리지를 하나 더 장전하고 다시 흔들어 준 후

냉장실에 보관합니다.

GNB: green new black

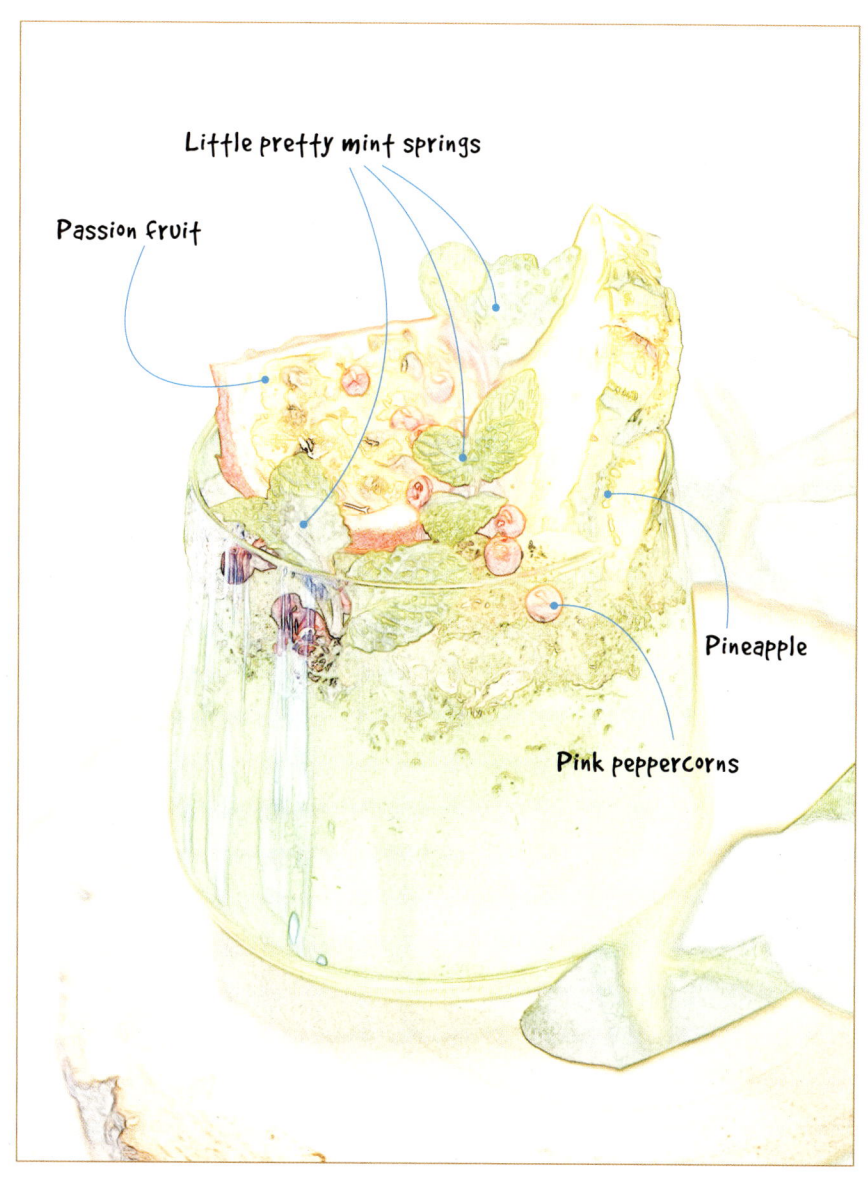

여름의 모든 맛을 한 잔에 담았습니다.

아침의 상쾌함(쿨링 허브와 꽃향기)과

저녁의 따뜻함(카라멜, 바닐라 버터)이 조화를 이루며,

중간 정도의 도수에 새콤달콤하고 향기로운 칵테일을 선택하신다면

그린 뉴 블랙을 골라 주세요.

RECIPE

Ingredient

35ml Bourbon

25ml Lime juice

20ml Mint and thyme syrup

10ml Pineapple juice

5ml Passion fruit purée

5ml Elderflower liquor

glass Rocks

Method

Shake and strain

Serve

- garnish cocktail with pineapple slice, passion fruit, mint springs and pink peppercorns
- drink it with straw
- if color of the syrup not enough green, improve color with a bit of green food coloring

Preparation

Mint and thyme syrup 1 litter of sugar syrup blend with 50 gr fresh mint and 20 gr fresh thyme. Strain and bottle. You also can do this syrup in sous vied, in this case do it for 4 hours at 45 degrees temperature.

레시피

재료

35ml 버번

25ml 라임 주스

20ml 민트와 타임 시럽

10ml 파인애플 주스

5ml 패션프루트 퓨레

5ml 엘더플라워 리큐어

가니시 패션프루트, 파인애플, 민트, 붉은 통후추

잔 온더락 잔

테크닉

셰이킹, 스트레이닝

서빙

잔에 크러시드 아이스를 채우고 셰이킹한 칵테일을 스트레이닝합니다.

파인애플 슬라이스, 패션프루트, 민트 새싹, 붉은 통후추로 칵테일을 장식합니다.

빨대를 이용해 마십니다.

◆ 만약 시럽의 색깔이 충분히 진하지 않다면 녹색 식용 색소 약간을 넣어 색을 내세요.

준비

민트와 타임 시럽 설탕 시럽 1리터에 50그램의 신선한 민트와 20그램의 신선한 타임을 섞은 다음 더블 스트레이닝해 병에 담습니다.

수비드로도 시럽을 만들 수 있습니다. 수비드로 시럽을 만들 경우에는 섭씨 45도에서 4시간 동안 수비드로 인퓨징해 줍니다.

W SMASH

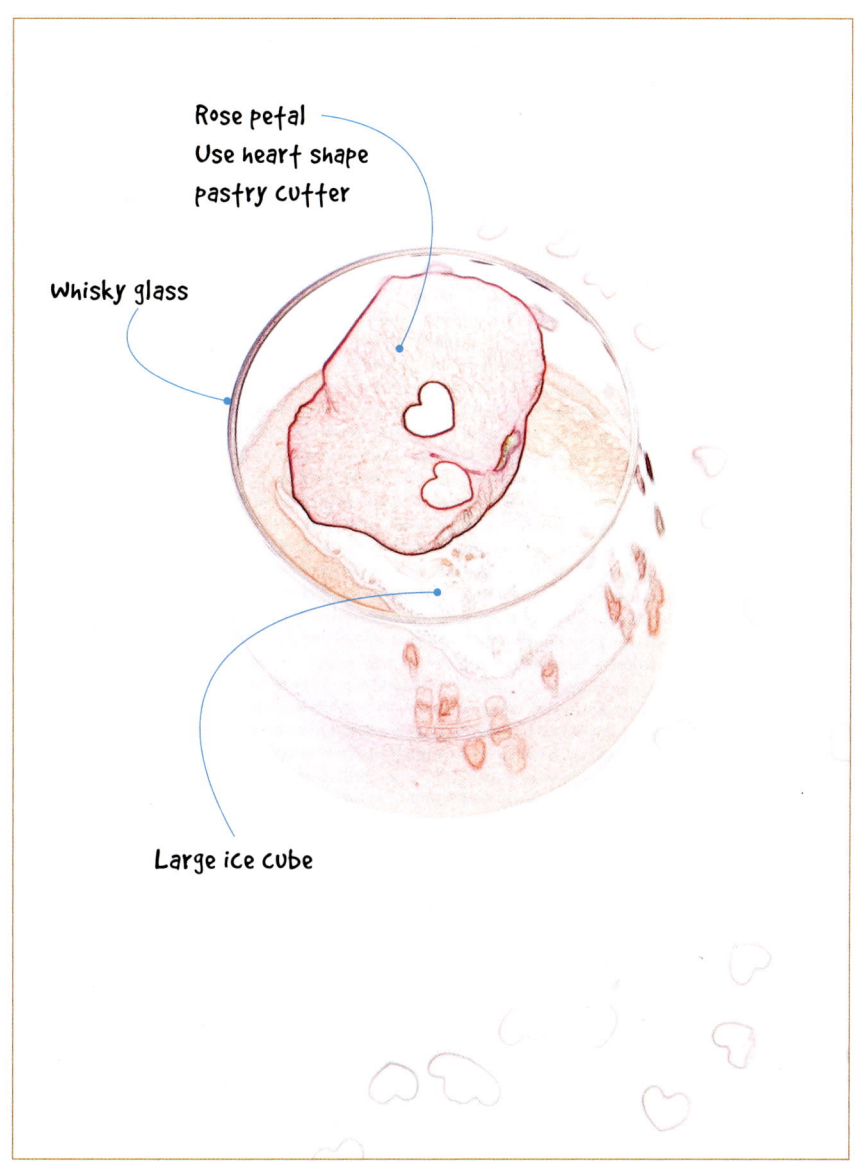

쥬시하면서도 구우거나 말린 과일의 풍성한 향, 풀 향과 함께

은은한 단맛을 잘 느낄 수 있습니다.

부담 없이 마실 수 있는 칵테일로, 맛이 매우 상쾌합니다.

RECIPE

Ingredient

4-5 pc Fresh watermelon cubes

35ml Vodka

15ml Cachaça

20-25ml Sugar syrup

15ml Lemon juice

5ml Passion fruit purée

glass Whisky glass

Method

Shake, double strain

Serve

- pour cocktail over big ice cube and garnish with rose petals
- if you don't have cachaca, just skip it
- depending on how sweet watermelon, balance it with sugar syrup

레시피

재료

4-5 pc 신선한 수박 조각

35ml 보드카

15ml 카샤샤

20-25ml 설탕 시럽

15ml 레몬 주스

5ml 패션프루트 퓌레

가니시 장미꽃잎

잔 위스키 잔

테크닉

셰이킹, 더블 스트레이닝

서빙

큰 얼음 위에 칵테일을 붓고 장미 꽃잎으로 장식합니다

◆ 카샤샤가 없으면 생략해도 됩니다.

◆ 수박의 단맛에 따라 설탕 시럽의 양을 조절하세요.

#RyeDetonator

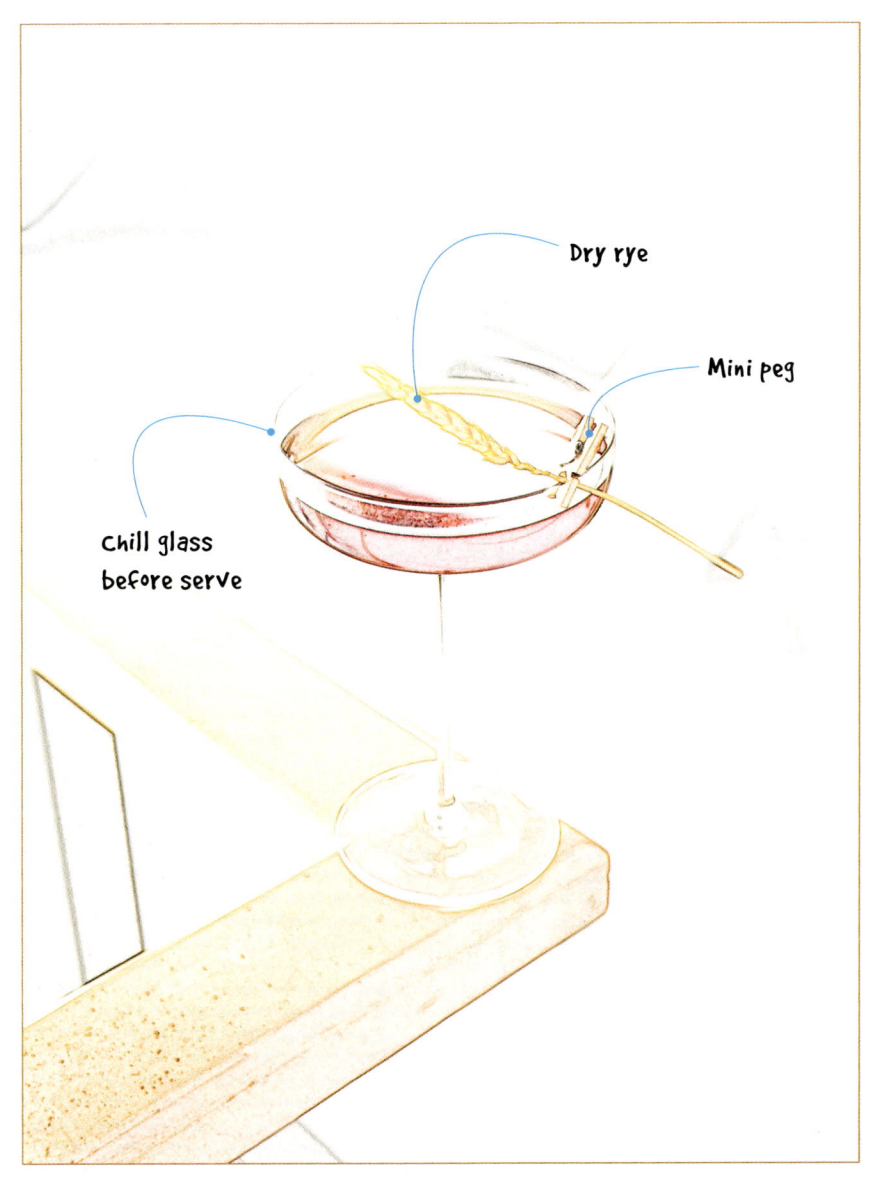

야성적인 맛과 식감을 가진 칵테일.

도수가 높으면서도 놀라울 정도로 자연스러운 맛을 냅니다.

달콤한 블랙베리, 검은 후추, 가벼운 클로브 맛으로 시작하여

빵, 가벼운 스모키, 구운 견과류의 맛이 느껴질 것입니다.

RECIPE

Ingredient

50ml Sweet vermouth infused with dark rye bread

40ml American rye whiskey

10ml Port wine

5ml Soft dry gin

5ml Islay scotch whisky

glass Coupe

Method

Stir

Serve

- garnish cocktail with dry rye attached with mini wooden peg
- I recommend to use Monkey 47 gin for this cocktail

Preparation

Sweet vermouth infused with dark rye bread cut 250 gr rye bread on cubes and dry it in the oven. Combine together dry bread and 1L sweet vermouth and leave it to macerate over the night. While straining vermouth, press the bread to extract more liquid from it. Double strain liquid to remove small bread pieces. Keep in fridge. Shake before use

레시피

재료

- **50ml** 호밀빵을 인퓨징한 스위트 베르무트
- **40ml** 아메리칸 라이 위스키
- **10ml** 포트 와인
- **5ml** 부드러운 드라이 진
- **5ml** 아일라 스카치 위스키
- **가니시** 호밀 이삭, 나무 집게
- **잔** 쿠페 잔

테크닉

스터링

서빙

믹싱 글라스에 얼음과 재료를 넣고 스터링한 뒤 쿠페 잔에 붓습니다.
작은 나무 집게와 말린 호밀 이삭으로 칵테일을 장식해 줍니다.

◆ 이 칵테일에 추천하는 진은 몽키47입니다.

준비

호밀빵을 인퓨징한 스위트 베르무트 250그램의 호밀빵을 정육면체로 자른 뒤 오븐으로 건조시킵니다. 말린 빵을 스위트 베르무트 1L에 넣어 밤새 숙성되도록 놔둡니다. 베르무트를 스트레인하며 빵을 쥐어짜 최대한 추출해 냅니다. 빵 조각을 제거하기 위해 액체를 더블 스트레인한 후 냉장 보관하세요. 사용하기 전에는 흔들어 줍니다.

RUBY

약한 탄닌감과 더불어 강렬한 맛이 나는 칵테일. 도수는 그리 높지 않지만,

알코올 부즈가 선명하게 느껴집니다.

첫맛은 달콤한 당절임 과일, 계피, 말린 살구의 느낌이지만,

얼마 안 가 레드커런트와 루바브의 신맛이 올라옵니다.

RECIPE

Ingredient

2 table spoon Pomegranate seeds - muddle

20ml White rum

20ml Cognac VS

25ml Lemon juice

25ml N/alc white wine

15ml Sugar syrup

glass Highball

Method

Shake, double strain

Serve

- pour cocktail over cube ice and top up with crushed ice
- garnish with pomegranate seeds and 2-3 mint springs
- serve with straw
- if you don't have n/alc white wine, just substitute it with white or green grape juice

레시피

재료

- **2 TS** 찧은 석류알
- **20ml** 화이트 럼
- **20ml** 코냑 VS
- **25ml** 레몬 주스
- **25ml** 무알콜 화이트 와인
- **15ml** 설탕 시럽
- **가니시** 석류알, 민트
- **잔** 하이볼 잔

테크닉

셰이킹, 더블 스트레이닝

서빙

칵테일을 각얼음 위에 붓고 크러시드 아이스를 올려 줍니다.

석류알과 2-3개의 민트 새싹으로 장식합니다

빨대를 함께 제공합니다.

◆ 무알콜 화이트 와인이 없다면, 일반 백포도주나 청포도 주스로 대체하세요.

34

BLOODY JERRY

오리지널 블러디 메리 칵테일처럼 향이 풍부하고 새콤달콤한 맛과 약간의 스파이시함이

감칠맛이 나는 야채 주스를 마시는 듯한 느낌을 줍니다.

여기에 버번이 베이컨 풍미를,

테킬라는 간장이나 고추장, 해산물과 같은 풍미를 더합니다.

RECIPE

Ingredient

10-12 Fresh coriander leaves - muddle

110ml Tomato based vegetable juice

20ml Vodka

10ml Tequila blanco

10ml Bourbon

20ml Lemon juice

7.5ml Worcestershire sauce

7.5ml Soy sauce

4-5 drops Tabasco

1 pinch Ground white pepper

2 pinches Fine salt

glass Highball

Method

Rolling or Throwing

Serve

- put water inside highball and keep it for some time in the freezer.

    when the water starts to solidify, make a hole and remove those water that has not yet

    solidified. Keep this glass into freezer all the time after you did it.

- when the cocktail is ready, pour it into the glass as it looks in the photo
- garnish with cherry tomatoes, celery, carrot and put inside straw
- don't use coriander if you don't like it.

레시피

재료

10-12 찢은 신선한 고수 잎

110ml 토마토 베이스의 야채 주스

20ml 보드카

10ml 테킬라 블랑코

10ml 버번

20ml 레몬 주스

7.5ml 우스터 소스

7.5ml 간장

4-5 drops 타바스코 소스

1 pinch 갈은 백후추

2 pinches 고운 소금

가니시 방울토마토, 셀러리, 당근

잔 하이볼 잔

테크닉

롤링, 스로잉

서빙

하이볼 잔 안에 물을 넣고 냉동실에 잠시 보관합니다. 물 바깥쪽이 얼기 시작하면 얼음에 구멍을 내서 남은 물을 따라 버리고 얼음만 남깁니다.

얼음만 남긴 잔을 냉동실에 보관하세요.

칵테일이 준비되면, 사진에서 보는 것처럼 유리잔에 부으세요.

방울토마토, 셀러리, 당근으로 장식하고 빨대를 넣으세요.

◆ 고수향을 싫어하면 넣지 마세요.

DIRTY DANCING

보들보들한 식감의 칵테일입니다.

도수는 그리 높지 않으며, 꽃향기와 약한 시트러스향이 느껴집니다.

첫 모금을 마시면 신선하면서도 쌉쌀한 오렌지가 떠오르며,

마지막 한 모금은 배와 리치의 향취가 느껴집니다.

RECIPE

Ingredient

20ml Blue curaçao or orange liquor

20ml Vodka

20ml Elderflower syrup

20ml Lemon juice

5ml Sugar syrup

Splash of egg white

glass Clay mug or other suitable vessel

Method

Shake

Serve

- pour cocktail over cube ice
- garnish top of the glass with cotton candy and spray it with absinthe
- put pink peppercorns, mint and micro herb
- serve with the straw
- skip egg white if you don't like it

레시피

재료

20ml 블루 큐라소 또는 오렌지 리큐어

20ml 보드카

20ml 엘더플라워 시럽

20ml 레몬 주스

5ml 설탕 시럽

계란 흰자

가니시 솜사탕, 붉은 통후추, 민트, 마이크로 허브

잔 도자기 머그컵이나 그 외 적절한 잔

테크닉

셰이킹

서빙

각얼음에 칵테일을 부으세요.

위에 솜사탕을 장식하고 압생트를 뿌립니다

붉은 통후추와 민트, 마이크로 허브로 장식합니다.

빨대를 같이 제공합니다.

◆ 계란 흰자는 기호에 따라 생략하셔도 됩니다.

JUPITER COCKTAIL

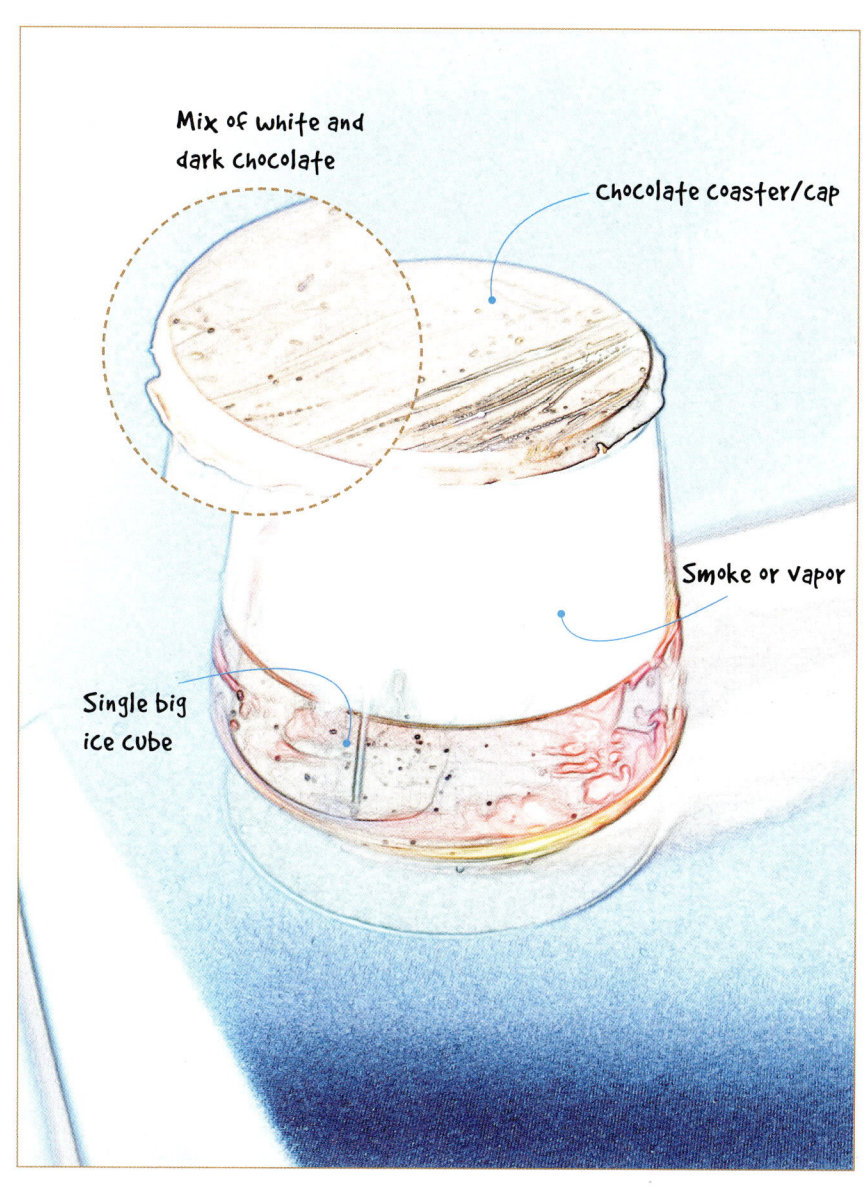

스카치 위스키를 좋아하신다면, 가장 완벽하게 즐기는 방법입니다.

잔에 담긴 위스키는 매우 부드러우며 스모키한 향이 느껴질 것이고,

기분 좋은 매운 맛과 신비로움을 느낄 수 있습니다.

이 칵테일은 우아한 허브의 뒷맛과 드라이한 초콜릿맛을 가지고 있습니다.

도수 또한 충분히 높습니다. 위스키 애호가라면 찬사를 보내 주시리라 생각합니다.

RECIPE

Ingredient

40ml Sweet vermouth

30ml Smooth scotch whisky

15ml Mezcal

2 dashes Orange bitters

glass Whisky

Method

Stir

Serve

- pour cocktail over the big cube ice
- using smoking gun or flavor blaster fill the glass with the smoke/vapor and cover it with chocolate coaster
- remover chocolate coaster and put it on the side before having sip

Preparation

Chocolate coaster melt down in the oven dark and white chocolate.

Mix chocolate together and let it chill down.

Cut the chocolate using a metal round shape that chefs usually use

레시피

재료

40ml 스위트 베르무트

30ml 부드러운 스카치 위스키

15ml 메즈칼

2 dashesl 오렌지 비터즈

가니시 초콜릿 코스터

잔 위스키 잔

테크닉

스터링

서빙

큰 각얼음 위에 칵테일을 부으세요

스모킹 건이나 플레이버 블래스터를 사용하여 잔에 증기나 연기를 채우고

초콜릿 코스터로 덮습니다.

초콜릿 코스터는 마시기 전에 걷어내어 옆에 두세요.

준비

초콜릿 코스터 화이트 초콜릿과 다크 초콜릿을 오븐에 녹인 뒤 한데 섞어 식힙니다.
요리용 금속링으로 초콜릿을 동그랗게 잘라내 사용합니다.

MYSTERY OF THE CARIBBEAN

268 BAR DRAFTS

간단히 만들 수 잇으면서도 맛있는,

크림처럼 새콤달콤한 베리 풍미가 가득한 칵테일입니다.

이 칵테일 하나만으로도 밤새도록 즐길 수 있을 것입니다.

진정한 카리브해가 담긴 이 칵테일은 셰이커에 넣은 재료뿐만 아니라

온갖 향신료와 생강, 바닐라, 오크, 파인애플과 라임 향으로

당신을 기쁘게 할 것입니다.

RECIPE

Ingredient

3 tea spoon Cranberry - muddle

50ml White rum

25ml Lime juice

10-15ml Hazelnut syrup

10-15ml Coconut cream

glass Coupe

Method

Shake, double strain

Serve

- grease the glass with half cut lemon and sprinkle it with icing sugar
- burn icing sugar with torch until it caramelizes

   (do it in advance, glass needs time to chill down)
- fix the cranberry with a cocktail pick on the stem of the glass
- depending on how sweet you need to be this cocktail, adjust syrup and cream

레시피

재료

- 3 ts 찧은 크렌베리
- 50ml 화이트 럼
- 25ml 라임 주스
- 10-15ml 헤이즐넛 시럽
- 10-15ml 코코넛 크림
- **가니시** 크랜베리
- **잔** 쿠페 잔

테크닉

셰이킹, 더블 스트레이닝

서빙

반으로 자른 레몬으로 잔을 문지른 후 슈거파우더를 뿌립니다.

슈가파우더가 캐러멜화될 때까지 토치로 가열합니다. 잔을 식힐 시간이 필요하므로 이 작업은 미리 해 둡니다.

셰이킹한 칵테일을 잔에 스트레이닝한 뒤 손잡이에 칵테일 픽으로 크랜베리를 고정시킵니다.

◆ 칵테일을 얼마나 달콤하게 만들지에 따라 시럽과 크림의 양을 조절하세요.

EUCLID COCKTAIL

부드러운 맛과 강렬한 알코올을 동시에 느낄 수 있는 칵테일입니다.
다양한 재료들이 잔뜩 들어가 새콤한 체리, 대추야자와 카라멜이
강렬한 맛을 선사합니다.

RECIPE

Ingredient

40ml Gold or white rum infused with dates

40ml Fino sherry

2.5ml Maraschino liquor

2 dashes Angostura bitters

1 dashl Orange bitters

glass whisky

Method

Stir

Serve

- brew hibiscus and mint in 2 different vessels.

  add red and green food colorings to make color of liquids more bright

- drill 2 parallel holes in the ice and fill them with green and red liquids

- place the ice into the glass and strain cocktail over it

Preparation

Rum infused with dates cut 150-200 gr dry dates into pieces and infuse with 700ml of rum for 24 hours at room temperature. Double strain and clarify in centrifuge if you can. Bottle infusion

레시피

재료

40ml 대추야자를 인퓨징한 골드 또는 화이트 럼

40ml 피노 셰리

2.5ml 마라스키노 리큐어

2 dashes 앙고스투라 비터

1 dash 오렌지 비터스

잔 위스키 잔

테크닉

스터링

서빙

히비스커스 차와 민트 차를 각각 우립니다.

찻물의 색을 더 밝게 만들기 위해 빨간색과 녹색 식용 색소를 첨가합니다

커다란 얼음에 구멍 두 개를 나란히 뚫은 뒤 녹색과 빨간색 차로 채웁니다

얼음을 잔에 넣고 칵테일을 그 위에 스트레인해 주세요.

준비

대추야자를 인퓨징한 럼 150-200그램의 대추야자를 조각내고 럼 700ml를 부은 다음 실온에서 24시간 동안 보관합니다. 가능하면 더블스트레이닝한 뒤 원심분리기를 이용해서 맑게 걸러 줍니다. 보틀 인퓨전입니다.

278　BAR DRAFTS

HIGHEST PEAK

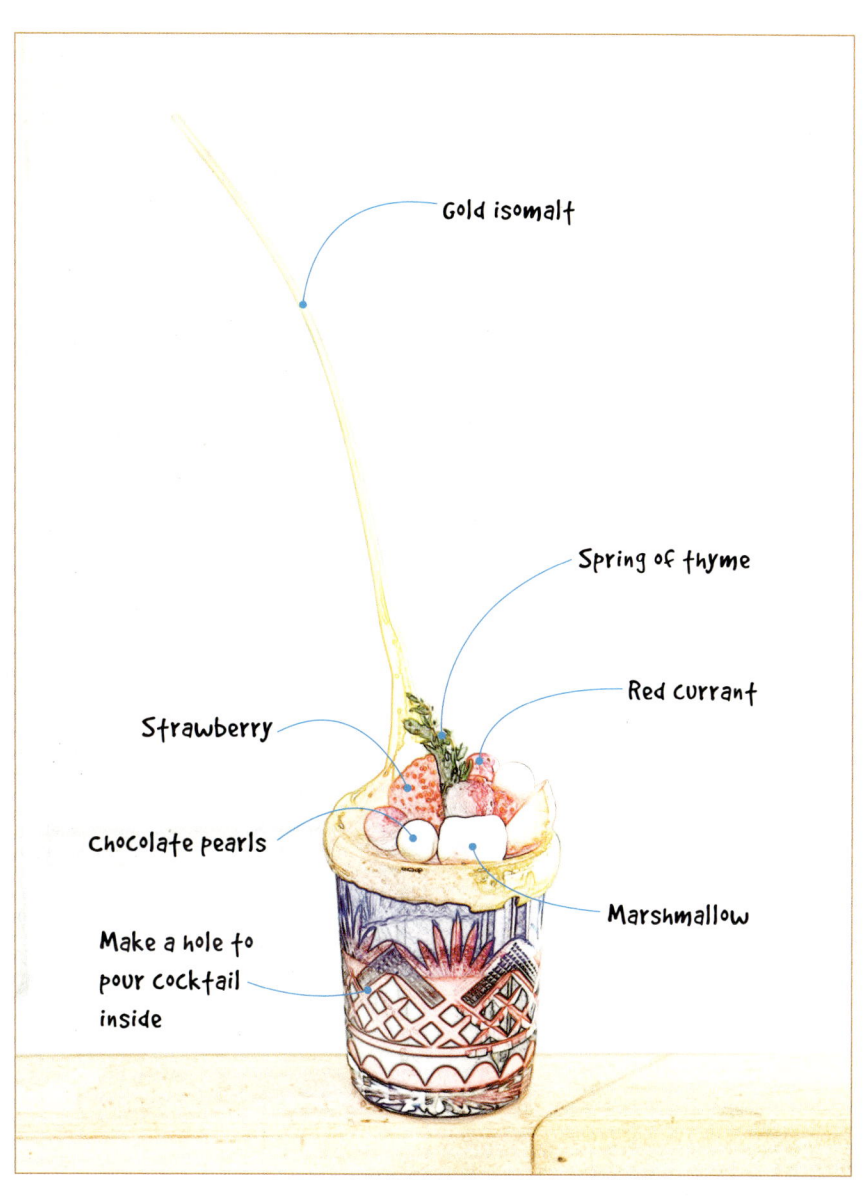

중간 정도의 산미를 지닌 깔끔한 칵테일입니다.
부드러운 꿀맛을 느낄 수 있으며,
재스민과 오렌지 마멀레이드, 향나무의 향취가
매 숨결마다 입안을 맴돕니다.

RECIPE

Ingredient

3 tea spoons Frozen or fresh red currant – muddle

45ml London dry gin

15ml Lillet Blanc

25ml Fresh mandarin juice

25ml Lime juice

15ml Fig honey syrup

glass Blue whisky glass

Method

Shake, double strain

Serve

- cover the glass with gold colored isomalt like it's on the photo
- make little hole in advance to pour cocktail inside when it's ready and put in straw
- garnish top with strawberries, cranberries, chocolate pearls, marshmallows and thyme spring
- you also can do this drink just on the rocks

Preparation

Honey syrup mix together 4 parts fresh honey and 1 part water

Fig honey syrup cut 250 gr dry figs into pieces and infuse them in 1L honey syrup for 24 hours at room temperature. Strain figs and use them as a snack. Bottle the syrup

레시피

재료

3 ts 찧은 냉동 또는 생 레드커런트

45ml 런던 드라이 진

15ml 릴레 블랑

25ml 신선한 감귤 주스

25ml 라임 주스

15ml 무화과 꿀 시럽

가니시 레드커런트, 딸기, 마시맬로, 초콜릿, 타임

잔 파란색의 위스키 잔

테크닉

셰이킹, 더블 스트레이닝

서빙

사진처럼 잔 입구에 금색 이소말트를 입힌 뒤, 가운데에 구멍을 뚫습니다.

구멍을 통해 칵테일을 붓고 빨대를 꽂습니다

딸기, 크랜베리, 초콜릿, 마시멜로, 타임 새싹으로 장식합니다

◆ 이소말트 장식 없이 온더락 잔에 마셔도 좋습니다.

준비

꿀 시럽 신선한 꿀과 물을 4:1 비율로 섞어 줍니다.

무화과 꿀 시럽 250그램의 말린 무화과를 조각내 1리터의 꿀 시럽에 실온에서 24시간 인퓨징합니다. 스트레이닝해 무화과를 건져낸 뒤, 병에 담아 보관합니다.

"Thank you" words
감사 인사

I don't know about you, but me personally, when I watched the Oscar ceremony in my childhood, I didn't understand why absolutely all the winners uttered words of gratitude to close people, friends and colleagues. It seemed to me that there was no need for this, because the most important person is the winner of the nomination and it was he or she who made every effort to become the best. But as they say: "until you are in someone else's shoes, you won't know what it's like". Well, looks like it's my turn.

여러분은 어떠실지 모르겠지만, 나는 어릴적에 오스카 시상식을 보면서 왜 거의 모든 수상자들이 지인과 친구, 동료들에게 감사 인사를 전하는지 이해할 수 없었다. 그 자리에서 가장 중요한 사람은 최고가 되기 위해 온갖 노력을 기울였던 수상자 자신이니, 그럴 필요가 없다고 생각했기 때문이다. 그러나, 한국말의 '역지사지'라는 표현이 이래서 있나 보다. 이제 내가 이 책을 위해 힘써 주신 분들에게 감사할 차례다.

However, as you may have noticed, this book is not about names, although it does mention some personalities. I think that all those people who know me (and to whom I am grateful for teaching me, supporting me, inspiring me, being always close to me, exchanging ideas with me, being friends with me) understand what kind of person I am, and do not offended at me for not mentioning them separately. Thank you all very much!

그러나, 여러분도 아시는 대로 이 책에는 특정인을 언급하고 있긴 하지만 그 사람이 누군지 명시하지는 않을 것이다. 나를 아는 모든 사람들(나를 지도해 주고, 지지해 주고, 영감을 주고, 항상 나와 함께 해 왔고, 아이디어를 주고받고, 내 친구가 되어 준 고마운 분들)이라면 내 성격을 이해하시리라 믿는다. 그러니 내가 따로 언급하지 않는다고 해서 섭섭해하시지 않으셨으면 한다.

여러분 모두에게 깊은 감사를 드린다!

BAR DRAFTS

지은이 막심 로크만(Maxim Rokhman)
옮긴이 김준영

초판 1쇄 발행일 2024년 6월 20일

발행인 오종필
책임 편집 위크래프트
디자인 김경희
발행처 제이알매니지먼트

주소 경기도 부천시 원미구 길주로17, 803호(상동, 웹툰융합센터)

ⓒMaxim Rokhman, 2024
ISBN 979-11-91730-69-2 03590

- 이 책은 저작권법에 따라 보호받는 저작물이므로 무단 전재와 복제를 금합니다.
- 이 책의 전부 혹은 일부를 이용하려면 저작권자와 출판사의 동의를 받아야 합니다.
- 잘못된 책은 구입하신 곳에서 바꿔드립니다.
- 책 모서리에 찍히거나 책장에 베이지 않게 조심하세요.